Nâzım Hikmet
Das schönste Meer ist das noch nicht befahrene
En Güzel Deniz Henüz Gidilmemiş Olanıdır

Nâzım Hikmet

Das schönste Meer ist das noch nicht befahrene
En Güzel Deniz Henüz Gidilmemiş Olanıdır

Liebesgedichte

Aus dem Türkischen
von Helga Dağyeli-Bohne und Yıldırım Dağyeli

Dağyeli

Die Deutsche Bibliothek — CIP-Einheitsaufnahme
Hikmet, Nâzım:
Das schönste Meer ist das noch nicht befahrene. Liebesgedichte =
En güzel henüz gidilmemiş olanıdır.
Aus dem Türkischen von Helga Dağyeli-Bohne und Yıldırım Dağyeli.
– vierte überarbeitete Auflage Berlin: Dağyeli 2007 –
ISBN 978–3–935597–03–6

4. überarbeitete Auflage 2007

Kollwitzstr. 42, D–10405 Berlin
www.dagyeli.com

Umschlag: Jeanine Dağyeli
unter Verwendung des Bildes »Voyage en Orient« von Utku Varlık
Satz: J&D Dağyeli Verlag GmbH Berlin
Druck: Art-Druk Sczeczin
Printed in Poland
ISBN 978–3–935597–03–6

Zu dieser Ausgabe

Die Gedichte in dieser Auswahl sind zum einen der 1967 in Bulgarien erschienen türkischen Ausgabe der Werke Hikmets entnommen, die von seinem engen Vertrauten und Sekretär im Exil, dem aserbaidschanischen Türkologen Ekber Babajew, schon zu Lebzeiten des Dichters in gemeinsamer Arbeit zusammengestellt und redigiert wurde; zum anderen den Gesammelten Werken, die Cem Yayınevi Mitte der 1970er Jahre in Istanbul herausgab. Außerdem berücksichtigten wir die Ausgabe seiner Werke, die vom Publizisten und Stiefsohn des Dichters, Memet Fuat, im Verlag Adam Yayınları Istanbul veröffentlicht wurden. Von der Zahl her machen sie fast ein Viertel seiner Einzelgedichte und Gedichtzyklen aus. Die vorliegende Ausgabe enthält Hikmets Liebesgedichte, die er für seine Frauen in der Freiheit, im Gefängnis und in der Emigration schrieb. Wir haben die Gedichte wie in den vorangegangenen Bänden »Die Luft ist schwer wie Blei/Hava Kurşun Gibi Ağır« und »Eine Reise ohne Rückkehr/Dönüşü Olmayan Yolculuk« nach dem Datum der Erstveröffentlichung geordnet. Dafür benutzten wir außer den drei oben genannten Ausgaben noch andere Veröffentlichungen einschließlich Sekundärliteratur.

Die meisten der hier versammelten Gedichte wurden erstmals ins Deutsche übertragen. Gewidmet sind sie mehreren seiner Frauen, u.a. Pirâye, Münevver, Galina und Vera.

Der Verlag

Bu yazılar seni benden önce görmek bahtiyarlığında oldukları için onları kıskanıyorum

Nazım

*Dass diese Texte das Glück haben, dich vor mir zu sehen, macht mich eifersüchtig.

Dört Sevgilim Var

Birbirinden güzel dört sevgilim var:
Acı bir haz ile her gece gönlüm
Birinden boşalır, biriyle dolar...

Birincinin bilmem henüz adını.
Aşkıma ne cevap verecek diye
Merakım seviyor bu genç kadını.

İkinci diyor ki: Delikanlı, sen
Gönlümün en mes'ut sahibi oldun!
Okşanan gururum onu sevdiren...

Üçüncü: Kalbimde bir hiçsin! diyor.
Dizinde ağlayıp reddolundukça,
Ezilen gururum onu seviyor!

»Ne kadın!« diyorlar dördüncüsüne,
Onda âsabımdır vurulmuş olan
Güzel vücudunun bütün süsüne.

Birbirinden güzel dört sevgilim var;
Fakat hâlâ gönül, bilinmez neden,
Evvel zamandaki sevdayı arar?...

24 Mart 1921

Ich habe vier Geliebte

Ich habe, eine schöner als die andere, der Geliebten vier:
Mit bittrer Lust trennt sich von der einen
und öffnet sich der anderen mein Herz mit Begier.

Ich kenne noch nicht der ersten Name.
Wie sie wohl meine Liebe beantworten wird,
mit dieser Neugier liebe ich diese Dame.

Die zweite sagt: Du wurdest, junger Mann,
der glücklichste Besitzer meines Herzens!
Mein geschmeichelter Stolz ist der Grund, sie zu lieben sodann...

Die dritte sagt: Ein Nichts bist du in meinem Herzen!
Wenn ich weinend ihr zu Füßen liege und sie mich abweist,
so liebt sie mein gebrochener Stolz, will es nicht verschmerzen!

»Was für eine Frau!« sagt man zu der vierten,
meine Nerven sind es, die sich in sie,
in die ganze Anmut ihres schönen Körpers verliebten.

Ich habe vier Geliebte, eine schöner als die andre an meiner Seit;
doch das Herz sucht, wer weiß warum,
immer nach der Liebe der vergangenen Zeit..

24. März 1921

Bir Ayrılış Hikâyesi

Erkek kadına dedi ki:

»Seni seviyorum,
ama nasıl,
avuçlarımda camdan bir şey gibi kalbimi sıkıp
parmaklarımı kanatarak
            kırasıya,
            çıldırasıya...«

Erkek kadına dedi ki:

»Seni seviyorum,
ama nasıl,
kilometrelerle derin, kilometrelerle dümdüz,
yüzde yüz, yüzde binbeşyüz,
            yüzde hudutsuz kere yüz...«

Kadın erkeğe dedi ki:

»Baktım
dudağımla, yüreğimle, kafamla;
severek, korkarak, eğilerek,
dudağına, yüreğine, kafana.
Şimdi ne söylüyorsam
karanlıkta bir fısıltı gibi sen öğrettin bana...
Ve ben artık
            biliyorum:
Toprağın –
Yüzü güneşli bir ana gibi –
en son en güzel çocuğunu emzirdiğim...
Fakat neyleyim
saçlarım dolanmış
        ölmekte olan parmaklarına
basımı kurtarmam kabil
            değil!

Geschichte einer Trennung

Der Mann sprach zu der Frau:

»Ich liebe dich,
und wie,
als zerdrücke ich mein Herz, gleichsam aus Glas, in meinen Fingern,
und sie fangen an zu bluten,
        zu brechen,
        toll zu werden...«

Der Mann sprach zu der Frau:

»Ich liebe dich,
und wie,
kilometertief, kilometerweit,
hundert Prozent, eintausendfünfhundert Prozent,
        unendlich mal hundert Prozent...«

Die Frau sprach zu dem Mann:

»Ich betrachtete
mit den Lippen, dem Herzen, dem Kopf
liebend, bangend, gebeugt,
deine Lippen, dein Herz, deinen Kopf.
Was ich jetzt sage,
hast du mich wie ein Flüstern im Dunkeln gelehrt.
Und ich weiß
        schon:
daß die Erde –
wie eine Mutter mit sonnigem Anlitz –
ihr letztes, ihr schönstes Kind stillt...
Was kann ich jedoch tun,
meine Haare sind
    um die Finger des Sterbenden gewickelt,
unmöglich,
        meinen Kopf zu befreien!

Sen
  yürümelisin,
yeni doğan çocuğun
          gözlerine bakarak...
Sen
  yürümelisin,
       beni bırakarak..«

Kadın sustu.

SARILDILAR

Bir kitap düştü yere...
Kapandı bir pencere....

AYRİLDİLAR...

1932

Du
   mußt gehen
und dabei dem neugeborenen Kind
            in die Augen sehen...
Du
   mußt gehen
         und mich allein lassen...«

Die Frau schwieg.

Sie UMARMENTEN SICH.

Ein Buch fiel zu Boden...
Ein Fenster ging zu...

SIE TRENNTEN SICH.

1932

Dağıldı birdenbire
alnına düşen saçlar.
Birdenbire toprakta bir şeyler kımıldadı.
Bir şeyler konuşuyor
karanlıkta ağaçlar.
Çıplak kolların üşüyecek.

Uzaklarda
görmediğimiz bir yerde
ay doğuyor demek.
O daha yapraklardan inip
senin omuzunu aydınlatarak
gelmedi bize kadar.
Ama ben bilirim ki
ay doğarken rüzgar çıkar.
Ağaçlar konuşuyor.
Kolların üşüyecek.

Yukardan
karanlıkta kaybolan dallardan
bir şey düştü ayağının dibine.
Sokuldun bana.
Çıplak etin tüylü bir yemiş kabuğu gibi elimin altında.
Ne bir yürek türküsü, ne »aklı selim«,
ağaçların, kuşların, böceklerin önünde,
kanmın eti üstünde
düşünüyor elim.
Bu gece elimin
okuyup yazması yok.
Ne sevgisiz, ne sevgili...
Su başında bir parsın dili
bir asma yaprağı
bir kurt pançesi gibi o.

Loblied auf das Leben

Mit einem Mal lösten sich die Haare auf,
die dir in die Stirn fielen.
Plötzlich regte sich etwas am Boden.
Die Bäume flüstern
im Dunkeln.
Deine nackten Arme werden frieren.

In der Ferne,
an einem für uns nicht sichtbaren Ort
geht also der Mond auf.
Er gelangte, über die Blätter herabwandernd
und deine Schulter erhellend,
noch nicht bis zu uns.
Aber ich weiß,
wenn der Mond aufgeht, erhebt sich der Wind
Die Bäume flüstern.
Deine Arme werden frieren.

Von oben,
von den im Dunkeln sich verlierenden Ästen
fiel etwas dir vor die Füße
Du drängtest dich an mich.
Deine nackte Haut ist wie eine samtige Frucht in meiner Hand.
Weder ein Lied des Herzens noch der »gesunde Menschenverstand«
Denkt angesichts der Bäume, der Vögel der Käfer,
sondern meine Hand ruht
auf der Haut meiner Frau.
Heute nacht
kann meine Hand weder lesen noch schreiben.
Weder ohne Liebe noch verliebt...
Sie ist wie die Pantherzunge am Quell,
wie ein Weinbeerblatt,
wie eine Wolfstatze.

Kımıldamak, nefes almak, yemek, içmek
Toprağın altında çatlayan bir çekirdek
gibi elim.
Ne bir yürek türküsü, ne »aklı selim«,
ne sevgisiz, ne sevgili.
Karımın eti üstünde düşünen:
ilk insanın eli.
Toprakta suyu bulan bir kök gibi o
diyor ki bana:
»Yemek, içmek, soğuk, sıcak, kavga, koku,
renk,
ölmek için yaşamak değil,
yaşamak için ölmek...«

Ve şimdi ben
yüzümde dolaşırken dişi kırmızı saçlar,
toprakta bir şeyler kımıldanır
bir şeyler konuşurken karanlıkta ağaçlar
ve uzaklarda
görmediğimiz bir yerde ay doğarken,
elim, karımın eti üstünde,
ağaçların, kuşların, böceklerin önünde,
yaşamak denen şeyin,
su başındaki parsın, çatlayan çekirdeğin,
ilk insanın hakkını istiyorum.

1937

Sich bewegen, atmen, essen, trinken.
Wie ein Korn, das unter der Erde aufbricht,
                                        ist meine Hand.
Weder ein Lied des Herzens noch »der gesunde Menschenverstand«,
weder ohne Liebe noch verliebt.
Was auf der Haut meiner Frau denkt,
                                        ist die Hand des ersten Menschen,
Wie eine Wurzel, die das Wasser im Boden findet,
                                        spricht sie zu mir:
»Essen, Trinken, Kälte, Wärme, Kampf, Duft,
                                        Farbe,
man lebt nicht, um zu sterben,
sondern stirbt, um zu leben...«

Und während
über mein Gesicht das rote Haar der Frau streift,
sich der Boden regt,
die Bäume im Dunkeln flüstern
und in der Ferne,
                an einem für uns nicht sichtbaren Ort der Mond aufgeht,
während meine Hand
angesichts der Bäume, der Vögel, der Käfer, auf der Haut meiner Frau
fordere ich das Recht auf das, was man Leben nennt   [ruht,
das Recht des Panthers am Quell, des Korns, das bricht,
                                        des ersten Menschen Recht.

1937

Bir Cezaevinde, Tecritteki Adamın Mektupları

1

Senin adım
kol saatımın kayışına tırnağımla kazıdım.
Malûm ya, bulunduğum yerde
ne sapı sedefli bir çakı var,
(bizlere âlâtı-katıa verilmez),
ne de başı bulutlarda bir çınar.
Belki avluda bir ağaç bulunur ama
gökyüzünü başımın üstünde görmek
bana yasak...
Burası benden başka kaç insanın evidir?
Bilmiyorum.
Ben bir başıma onlardan uzağım,
hep birlikte onlar benden uzak.
Bana kendimden başkasıyla konuşmak
yasak.
Ben de kendi kendimle konuşuyorum.
Fakat çok can sıkıcı bulduğumdan sohbetimi
şarkı söylüyorum karıcığım.
Hem, ne dersin,
o berbat, ayarsız sesim
öyle bir dokunuyor ki içime
yüreğim parçalanıyor
Ve tıpkı o eski
acıklı hikayelerdeki
yalnayak karlı yollara düşmüş, yetim bir çocuk gibi bu yürek,
mavi gözleri ıslak
kırmızı, küçücük burnunu çekerek
senin bağrına sokulmak istiyor.
Yüzümü kızartmıyor benim
onun bu an
böyle zayıf

Briefe eines Mannes aus dem Kerker, aus der Einzelhaft

1

Deinen Namen
ritzte ich mit dem Nagel auf das Armband meiner Uhr.
Bekanntlich gibt es an diesem Ort
weder ein Taschenmesser mit Perlmuttknauf
(man gibt uns keine scharfen Geräte)
        noch eine Platane, die mit ihrem Wipfel bis an die Wolken reich
Vielleicht steht im Hof ein Baum,
doch ist es mir verboten,
                    den Himmel über mir zu sehn...
Wieviel Menschen sind außer mir hier jetzt zu Hause?
Ich weiß es nicht.
Ich bin ganz allein, fern von den anderen,
die alle beieinander sind, fern von mir.
Mit jemandem außer mir selbst zu sprechen,
                        ist verboten.
Und so rede ich eben mit mir selbst.
Da jedoch diese Unterhaltung sehr langweilig ist,
                    singe ich, meine Frau.
Außerdem, was sagst du,
rührt meine greußliche, krächzende Stimme
                mich so sehr,
                        daß es mir schier das Herz zerreißt.
Und genau wie das Waisenkind
    in jenen alten, traurigen Geschichten,
das barfuß verschneite Wege geht, möchte dieses Herz
mit seinen blauen Augen,
der roten winzigen Nase, die es hochzieht,
        sich in deinen Schoß kuscheln.
Ich schäme mich nicht,
                daß es in diesem Augenblick
                    so schwach,

böyle hodbin
böyle sadece insan
oluşu.
Belki bu hâlin
fizyolojik, psikolojik filân izahı vardır.
Belki de sebep buna
bana aylardır
kendi sesimden başka insan sesi duyurmayan
bu demirli pencere
bu toprak testi
bu dört duvardır...
Saat beş, karıcığım.
Dışarda susuzluğu
acayip fısıltısı
toprak damı
ve sonsuzluğun ortasında kımıldanmadan duran
bir sakat ve sıska atıyla,
yani, kederden çıldırtmak için içerdeki adamı
dışarda bütün ustalığı, bütün takım taklavatıyla
ağaçsız boşluğa kıpkızıl inmekte bir bozkır akşamı.

Bugün de apansız gece olacaktır.
Bir ışık dolaşacak yanında sakat, sıska atın.
Ve şimdi karşımda haşin bir erkek ölüşü gibi yatan
bu ümitsiz tabiatın
ağaçsız boşluğuna bir anda yıldızlar dolacaktır.
Yine o malûm sonuna erdik demektir işin,
yani bugün de mükellef bir daüssıla için
yine her şey yerli yerinde işte, her şey tamam.
Ben,
ben içerdeki adam
yine mutad hünerimi göstereceğim
ve çocukluk günlerimin ince sazıyla
suzinâk makamından bir şarkı ağzıyla
yine billahi kahredecek dil-i nâşâdımı
seni böyle uzak,

so egoistisch
und nur ein **Mensch**
ist.
Vielleicht gibt es für diesen Zustand
eine Erklärung, eine physiologische, psychologische oder dergleichen.
Vielleicht ist der Grund dafür auch,
daß ich seit Monaten
außer meiner eigenen keines Menschen Stimme mehr höre,
nichts als dieses vergitterte Fenster,
diesen Tonkrug,
diese vier Wände sehe...
Es ist fünf Uhr, meine liebe Frau.
Mit seinem seltsamen Flüstern,
dem irdenen Gefängnis,
dem verkrüppelten, dürren Pferd,
reglos inmitten der Unendlichkeit, mit all seinem Geschick also,
seinem ganzen Drumherum,
senkt sich auf die baumlose Leere ganz rot
eine Steppennacht herab samt ihrer Trockenheit,
um einen Mann im Gefängnis verrückt zu machen vor Kummer.

Auch heute wird es ganz unvermittelt Nacht.
Ein Licht wandert um das verkrüppelte, dürre Pferd.
Und die baumlose Leere dieser hoffnungslosen Natur,
die jetzt vor mir liegt
wie die Leiche eines zornigen Mannes, ist auf einmal mit Sternen übersät.
wieder sind wir also an das bekannte Ende der Sache gelangt,
für eine prächtige Nostalgie ist also
auch heute alles vorhanden, alles vollendet.
Ich,
der Mann im Gefängnis,
werde wieder meine gewohnte Fähigkeit zeigen,
und bei der melancholischen Weise meiner Kindertage,
bei der Suzinak Weise,
aufs neue wahrhaft mein betrübtes Herz erdrückend,
würde ich in meinem Inneren

seni dumanlı, eğri bir aynadan seyreder gibi
        karanım içinde duymak...

2

Dışarda bahar geldi karıcığım, bahar.
Dışarda, bozkırın üstünde birdenbire
taze toprak kokuşu, kuş sesleri ve saire...
Dışarda bahar geldi karıcığım, bahar,
Ve içerde artık böcekleriyle canlanan kerevet,
                suyu donmayan testi
ve sabahları çimentonun üstünde güneş...
Güneş,
artık o her gün öğle vaktine kadar,
bana yakın, benden uzak,
sönerek, ışıldayarak
            yürür...
Ve gün ikindiye döner, gölgeler düşer duvarlara,
başlar tutuşmaya demirli pencerenin camı:
                dışarda akşam olur,
                bulutsuz bir bahar akşamı...
İşte içerde baharın en kütü saatı budur asıl.
Velhasıl
o pul pul ışıltılı derisi, ateşten gözleriyle
bilhassa baharda ram eder kendine içerdeki adamı
                hürriyet denen ifrit...
Bu bittecrübe sabit, kancığım,
            bittecrübe sabit...

dich in weiter Ferne fühlen, so, als betrachte ich dich
        in einem gekrümmten Spiegel...

2

Draußen ist der Frühling angebrochen, meine liebe Frau, der Frühling.
Draußen, von der Steppe her, kommt mit einem Mal
der Duft frischer Erde, ein Vogelzwitschern und vieles mehr...
Draußen ist der Frühling angebrochen, meine liebe Frau, der Frühling,
Und drinnen die schon zum Leben erwachte Pritsche mit ihren Insekten,
                der Krug mit dem nicht mehr gefrierenden Wasser,
und morgens die Sonne auf dem Zement...
Die Sonne,
sie wandert nun jeden Tag bis gegen Mittag
auf mich zu, entfernt sich dann
und verschwindet
            in voller Pracht...
Und der Tag geht in den Nachmittag über. Schatten fallen auf die Wände,
das Glas des vergitterten Fensters lodert auf:
                draußen bricht der Abend an,
                ein wolkenloser Frühlingsabend...
Das ist im Grunde die schlimmste Stunde des Frühlings drinnen.
Kurz und gut,
besonders im Frühling macht sich der Dämon, Freiheit genannt,
mit seiner gesprenkelten, glänzenden Haut, den Augen aus Feuer
                den Mann drinnen gefügig...
Das hat die Erfahrung gezeigt,
            soviel steht fest...

3

Bugün pazar.
Bugün beni ilk defa güneşe çıkardılar.
Ve ben ömrümde ilk defa gökyüzünün bu kadar benden uzak
bu kadar mavi
bu kadar geniş olduğuna şaşarak
kımıldanmadan durdum.
Sonra saygıyla toprağa oturdum,
dayadım sırtımı duvara.
Bu anda ne düşmek dalgalara,
bu anda ne kavga, ne hürriyet, ne karım.
Toprak, güneş ve ben...
Bahtiyarım...

1938

3

Heute ist Sonntag.
Heute ließen sie mich zum ersten Mal hinaus in die Sonne.
Doch zum ersten Mal in meinem Leben stand ich wie gebannt
                    und staunte, wie fern,
                    wie blau,
                    wie weit der Himmel war.
Dann setzte ich mich ehrfürchtig auf die Erde,
lehnte den Rücken an die Mauer.
In diesem Augenblick kein Eintauchen in die Wellen,
in diesem Augenblick kein Kampf, keine Freiheit, und auch nicht meine [Frau.
Erde, die Sonne und ich...
Ich bin glücklich...

1938

Çankırı Hapisanesinden Mektuplar

1

Saat dört,
yoksun.
Saat beş,
yok.
Altı, yedi,
ertesi gün,
daha ertesi
ve belki
kim bilir...

Hapishane avlusunda
bir bahçemiz vardı.
Sıcak bir duvar dibinde
on beş adım kadardı.
Gelirdin,
yan yana otururduk,
kırmızı ve kocaman
muşamba torban
dizlerinde...

Kelleci Memed'i hatırlıyor musun?
Sübyan koğuşundan.
Başı dört köşe,
bacakları kısa ve kalın
ve elleri ayaklarından büyük.
Kovanından bal çaldığı adamın
taşla ezmiş kafasını.
»Hanım abla« derdi sana.
Bizim bahçemizden küçük bir bahçesi vardı,
tepemizde, yukarda,
güneşe yakın,
bir konserve kutusunun içinde...

Briefe aus dem Gefängnis zu Çankırı

1

Es ist vier,
du bist nicht hier.
Es ist fünf,
noch immer bist du nicht bei mir.
Sechs, sieben,
ein neuer Tag,
noch ein Tag später
und vielleicht,
wer weiß...

Wir hatten einen Garten
im Gefängnishof.
Er lag an einer heißen Mauer,
fast fünfzehn Schritte groß.
Du kamst viele Male,
wir saßen Seit an Seite,
du hattest einen roten, riesigen
Wachstuchbeutel
auf den Knien...

Erinnerst du dich an Memed, den Halsabschneider?
Aus dem Jugendknast.
Der Kopf viereckig,
die Beine kurz und dick
und Hände größer als die Füße.
Es heißt, er hätte einem Mann, aus dessen Bienenstock er Honig stahl,
den Kopf mit einem Stein eingeschlagen.
Er redete dich mit »Frau Schwester« an.
Er hatte einen Garten, kleiner als unserer,
hoch über uns,
der Sonne nah,
in einer Konservenbüchse...

Bir Cumartesi gününü,
hapisane çeşmesiyle ıslanan
bir ikindi vaktini hatırlıyor musun?
Bir türkü söylediydi kalaycı Şaban Usta,
aklında mı:
»Beypazarı meskenimiz, ilimiz,
kim bilir nerde kalır ölümüz...?«

O kadar resmini yaptım senin
bana birini bırakmadın.
Bende yalnız bir fotoğrafın var:
bir başka bahçede
çok rahat
çok bahtiyar
yem verip tavuklara
gülüyorsun.

Hapisane bahçesinde tavuklar yoktu,
fakat pek âlâ gülebildik
ve bahtiyar olmadık değil.
Nasıl haberler aldık
en güzel hürriyete dair,
nasıl dinledik ayak seslerini
yaklaşan müjdelerin,
ne güzel şeyler konuştuk
hapisane bahçesinde...

Erinnerst du dich an den Samstag,
die Nachmittagsstunden,
die das Wasser des Gefängnisbrunnens besprühte?
Meister Şaban, der Verzinner, sang ein Lied,
weißt du es noch:
»Beypazarı ist unsre Heimat, unser Zuhaus,
der Tod, wo er wohl bleibt, oh Graus...«

Ich malte soviele Bilder von dir,
nicht eines ließest du mir,
ich besitze nur ein Photo von dir:
in einem anderen Garten fütterst du
die Hühner,
vergnügt,
und glücklich,
du lachst.

Im Gefängnisgarten sind keine Hühner,
doch herzhaft lachen konnten wir auch,
unglücklich waren wir nicht.
Wie haben wir doch die Nachrichten gehört,
Nachrichten von der schönsten Freiheit,
wie haben wir doch auf die Schritte gelauscht,
die sich nähernden Schritte einer frohen Botschaft,
von welch schönen Dingen haben wir doch gesprochen,
im Gefängnisgarten...

2

Bir akşam üstü
oturup
hapisane kapısında
rubailer okuduk Gazali'den:
»Gece:
            büyük lâciverdi bahçe.
Altın pırıltılarla devranı rakkaselerin.
Ve tahta kutularda upuzun yatan ölüler.«

Bir gün eğer,
benden uzak,
karanlık bir yağmur gibi,
canını sıkarsa yaşamak
                    tekrar Gazali'yi oku.
Ve Pirâyende'm benim,
ben eminim
sen sadece merhamet duyacaksın
ölümün karşısında onun
                        ümitsiz yalnızlığı
                        ve muhteşem korkusuna.

Bir akar su getirsin Gazali'yi sana:
»Toprak bir kâsedir
                    çömlekçinin rafında tâcidar,
            ve zafer yazıları
    yıkılmış duvarlarında Keyhüsrev'in...«

Birikip sıçramalar.
Soğuk
  sıcak
    serin.

2

Eines frühen Abends
saßen
wir am Gefängnistor
und lasen Vierzeiler von Gazali:
»Die Nacht,
ein großer tiefblauer Garten ganz im Dunkeln.
Das Wirbeln der Tänzerinnen mit ihrem goldenen Funkeln.
Und die Toten, die in ihren Holzsärgen schlafen.«

Wenn dir eines Tages,
fern von mir,
das Leben wie ein dunkler Regen
überdrüssig wird,
so lies wieder Gazali.
Und, meine Pirâyende,
ich bin mir ganz sicher,
du wirst nur Mitleid empfinden
mit dem Tod,
seiner hoffnungslosen Einsamkeit,
seiner schrecklichen Angst wegen.

Gazali soll dir fließendes Wasser bringen:
»Eine irdene Schale ist der Gekrönte
im Regal des Töpfers,
und auch auf verfallenen Mauern
die Siegesinschriften von Cyrus...«

Die Sprünge häufen sich.
Kalt,
warm,
lau.

Ve büyük lâciverdi bahçede
                    başsız ve sonsuz
                    ve durup dinlenmeden
                    devranı rakkaselerin...

Bilmiyorum, neden
aklımda hep
ilkönce senden duyduğum
Çankırılı bir cümle var:
»Pamukladı mıydı kavaklar
                    kiraz gelir ardından.«
Kavaklar pamukluyor Gazali'de,
fakat
görmüyor, üstat,
                    kirazın geldiğini.
Ölüme ibadeti bundandır.

Şeker Ali yukarda, koğuşta bağlama çalıyor.
Akşam.
Dışarda çocuklar bağrışıyorlar.
Çeşmeden akıyor su.
Ve jandarma karakolunun ışığında
akasyalara bağlı üç kurt yavrusu.
Açıldı demirlerin dışında
                    büyük, lâciverdi bahçem.
Aslolan hayattır...

Beni unutma Hatçem...

Und im großen, tiefblauen Garten ganz im Dunkeln,
        das unablässige
        Wirbeln der Tänzerinnen,
        ohne Beginn, ohne Ende...

Ich weiß nicht, warum,
ein Satz aus Çankırı,
den ich zuerst von dir hörte,
geht mir nicht aus dem Sinn:
»Wenn die Pappeln weiße Wolle tragen,
        hat die Stunde der reifen Kirschen geschlagen.«
Bei Gazali tragen die Pappeln zwar weiße Wolle,
doch
er erkennt nicht, der Meister,
        daß die Zeit der reifen Kirschen gekommen ist.
Seine Todesanbetung rührt wohl daher.

Şeker Ali spielt Bağlama oben in der Gemeinschaftszelle.
Es ist Abend.
Draußen lärmen die Kinder.
Wasser plätschert im Brunnen.
Und im Licht der Wache der Gendarmerie
sind drei Wolfsjunge an Akazien gebunden.
Hinter den Gittern hat sich,
        groß und dunkelblau, mein Garten aufgetan.
Das Leben ist die Hauptsache...

Vergiß mich nicht, meine Hatce...

3

Bugün çarşamba:
– biliyorsun –
Çankırı'nın pazarı.
Demir kapımızdan geçip
kamış sepetimizde bize kadar gelecek
yumurtası, bulguru,
yaldızlı, mor patlıcanları...

Dün
köylerden inenleri seyrettim:
yorgundular,
kurnaz
            ve şüpheli,
ve kaşlarının altında keder.
Erkekler eşeklerde,
kadınlar çıplak ayaklarının üstünde geçtiler.
Her halde içlerinde senin bildiklerin vardır.
Her halde iki çarşambadır pazarda:
                    kırmızı başörtülü
                    »kibirsiz« istanbulluyu aramışlardır..

20.7.1940

3

Heute ist Mittwoch,
– du weißt –
es ist Markt in Çankırı.
Eier und Grütze,
violett glänzende Auberginen
werden durch unser Eisentor kommen
und in unserem Schilfkorb zu uns gelangen...

Gestern
beobachtete ich die Leute, die aus den Dörfern herunterkamen:
sie waren müde,
listig
            und argwöhnisch,
und Kummer verbarg sich hinter ihren Brauen.
Die Männer ritten auf Eseln,
die Frauen liefen barfuß vorüber.
Sicher sind welche darunter, die du kennst.
Vermutlich hielten sie schon seit zwei Mittwochen am Markt
                Ausschau nach der Frau »ohne Stolz«,
                der Istanbulerin mit dem roten Kopftuch...

20.7.1940

4

Sıcaklar bildiğin gibi değil
ve ben ki yalı uşağıyım,
deniz ne kadar uzak...

ikiyle beş arası
cibinliğin altına uzanarak
ter içinde
kımıldanmadan
gözlerim açık
dinliyorum sineklerin uğultusunu.
Biliyorum:
şimdi avluda
duvarlara çarpıyorlardır suyu,
kızgın, kırmızı taşlar tütüyordur.
Ve dışarda, otlan yanmış kalenin eteğinde
bir kezzap aydınlığı içindedir
simsiyah kiremitleriyle şehir...

Geceleri birdenbire rüzgar çıkıyor,
sonra kayboluyor birdenbire.
Ve karanlıkta canlı bir mahluk gibi soluyup,
yumuşak, tüylü ayaklarıyla dolaşarak
bizi bir şeylerle tehdit ediyor sıcak.
Ve zaman zaman
ürpermelerle duyuyoruz derimizin üstünde
                    bir korku hâlinde tabiatı...

Bir zelzele olabilir.
Zaten üç günlük yere geldi,
salladı Çapanoğlu Yozgad'ı.
Ve yerlilerin kavlince:
altı tekmil tuz madeni olduğundan
                    yıkılacak Çankırı şehri
                     kıyametten kırk gün önce.

4

Eine Hitze, die du dir nicht vorstellen kannst,
und ich bin doch das Kind einer Villa am Strand
und nun so fern vom Meer...

Zwischen zwei und fünf
liege ich unter dem Moskitonetz
und lausche, schweißgebadet,
reglos,
mit offenen Augen
dem Surren der Fliegen.
Ich weiß:
jetzt besprengt man
im Hof die Mauern mit Wasser,
die heißen, roten Steine dampfen.
Und draußen, zu Füßen der Burg mit dem verbrannten Gras
liegt, in beißende Helle getaucht,
die Stadt mit ihren tiefschwarzen Ziegeln...

Nachts erhebt sich jäh ein Wind,
legt sich ebenso plötzlich wieder.
Und im Dunkeln atmet die Hitze schwer wie ein lebendiges Wesen,
schleicht auf weichen behaarten Füßen umher,
droht uns mit dem Ungewissen...
Und dann und wann
spüren wir schaudernd auf der Haut
die Natur im Gewand der Angst...

Es kann ein Erdbeben geben.
Es suchte bereits, drei Tage von hier, einen Ort heim,
erschütterte Çapanoğlus Yozgat.
Und unter den Einheimischen macht das Wort die Runde,
daß die Stadt Çankırı
wegen der Salzstöcke darunter einstürzen wird,
vierzig Tage vor dem jüngsten Gericht.

Yatıp bir gece,
başın bir kalasla ezilmiş,
                    çıkmamak sabaha.
Ölümün bu kadar körü ve mendeburu.
Ben yaşamak istiyorum biraz daha,
daha bir hayli yaşamak.
Bunu birçok şey için istiyorum,
birçok çok mühim şeyler.

12.8.1940

Eines Nachts legst du dich schlafen
und erlebst den Morgen nicht mehr,
                    weil ein Balken dir den Kopf zertrümmert hat.
Dies ist die blindeste, widerwärtigste Art zu sterben.
Ich möchte noch etwas leben,
noch eine gute Weile leben. Ich möchte es um vieler Dinge willen,
um vieler,
sehr wichtiger Dinge willen.

12.8.1940

5

Saat beşte akşam oluyor:
insanın üstüne doğru yürüyen bulutlarla.
Yağmur taşıdıkları belli.
Birçoğu
elle tutulacak kadar alçaktan geçiyorlar...
Bizim odanın yüz mumluğu,
terzilerin gaz lambası yandı.
Terziler ıhlamur içiyorlar...
Kış geldi demektir...
Üşüyorum.

Fakat kederli değilim.
Yalnız bize mahsus bir imtiyazdır:
kış günleri hapisanede,
sade hapisanede değil,
bu kocaman
        bu ısınası
            bu ısınacak dünyada
                üşüyüp
                    kederli olmamak...

26.10.1940

5

Um fünf Uhr wird es Nacht:
mit den Wolken, die geradewegs auf die Menschen zutreiben.
Sie bringen ganz sicher Regen mit.
Viele
ziehen so niedrig, daß man sie fast mit der Hand berührt...
In unserer Zelle brannte eine Glühbirne von hundert Watt,
bei den Schneidern eine Petroleumlampe.
Die Schneider trinken Lindenblütentee...
Der Winter muß wohl gekommen sein...
Ich friere.

Doch ich bin ohne Kummer.
Dieses Privileg gehört mir allein:
Winters im Gefängnis,
und nicht nur im Kerker,
nein, auch auf dieser riesiggroßen
        Welt, die sich doch erwärmen möge,
            sich erwärmen wird,
                zu frieren
                    und ohne Kummer zu sein...

26.10.1940

* * *

Karıcığım;
    Senin kaç yaşında olduğunu
            ne düşündüm şimdiye kadar
            ne de bundan sonra düşüneceğim.
    Sen üç yaşındasın bebeğim
            tombul pembe beyaz
            şirret şirin ve yaramaz.
    Sen on sekiz yaşında sevgilimsin
            – kocaman gözlü, ince bilekli geyik –.
    Sen anamsın, altmış yaşındasın.
    Sen yaşı ve cinsiyeti olmayan arkadaşsın;
    büyük kavgamda beraber dövüştüğüm;
    bana nasihatların en doğrusunu veren
    ve tehlikelerde kanatlarını üstüme geren.
            Senin kaç yaşında olduğunu
            ne düşündüm şimdiye kadar
    ne de bundan sonra düşüneceğim.
    Ve inanmıyorum bir kış günü dünyaya geldiğine.
    Sen mutlaka baharda doğmuş olmalısın
                toprak uyanırken.

17.12.1940

***

Meine Frau,
wie alt du bist,
daran habe ich weder bisher gedacht
noch werde ich daran in Zukunft denken.
Du bist drei Jahre alt, mein Kind,
mollig, rosig und weiß,
frech, lieb und ungezogen.
Du bist mein Liebling von achtzehn Jahren
– ein Reh mit großen Augen und zarten Knöcheln –.
Du bist meine Mutter, sechzig Jahre alt
Du bist ein Kamerad von unbekanntem Alter und Geschlecht,
mit dem ich meinen großen Kampf gemeinsam bestehe,
der mir den besten Rat gibt
und bei Gefahr die Flügel über mich spannt.
Wie alt du bist,
daran habe ich weder bisher gedacht
noch werde ich daran in Zukunft denken.
Und ich glaube nicht, daß du an einem Wintertag zur Welt
Du bist sicher im Frühling geboren, [gekommen bist.
als die Erde erwachte.

17.12.1940

Lodos

Baslangiç

Kim bilir kaç milyon ton ağırlığında
ummanda çalkalanmakta su.
En yalnız dalganın üzerinde
boş bir konserve kutusu...

1

Bir aydır ki hapisane geceleri böyledir:
kızgın dişi kediler
– apışlan ıslak
tüyleri diken diken
enselerinde diş yerleri –
bazan kuş
bazan insan sesi çıkaraıp
dolaşıyorlar
gebe kalana kadar.
Mevsim bahara yakın.
Hava lodos.
Nasıl şiddetli
nasıl sıcak esiyor...

Biz altı yüz adet
kadınsız erkeğiz.
Alınmış elimizden
doğurtmak imkânımız.
En müthiş kudretim yasak bana:
yeni bir hayat aşılamak,
bereketli bir rahimde yenmek ölümü,
yaratmak seninle beraber:
sevgilim, yasak bana etine dokunmak senin..

Der Südwestwind

Der Anfang

Wer weiß, unter einem Gewicht von wieviel Tonnen
das Wasser des Meeres hin- und herwogt...
Eine leere Konservendose
auf der einsamsten Welle...

1

Seit einem Monat sind die Nächte im Gefängnis immer dieselben:
liebestolle Katzen
– der Spreizwinkel naß,
das Fell gesträubt,
im Nacken Bißwunden –
streunen umher,
stoßen abwechselnd Vogellaute aus,
dann wieder menschliche Töne,
solange, bis sie geschwängert werden.
Der Frühling hält Einzug.
Der Südwestwind weht.
Wie stark,
wie warm er doch weht...

Wir sind sechshundert Männer
ohne Frauen.
Es ist uns verwehrt,
uns zu vermehren.
Meine größte Fähigkeit ist mir untersagt:
neues Leben zu zeugen,
in einer fruchtbaren Gebärmutter den Tod zu besiegen,
mit dir etwas Neues schaffen:
meine Liebste, es ist mir verboten, deine Haut zu berühren...

Mevsim bahara yakın.
Fırtına.
Lodos.
Nasıl şiddetli
nasıl sıcak esiyor...

Bir yerlerde bir cam kırıldı yine
– bu gece bu üçüncüsü –
Hangi boş koğuşun kapışı açık kalmış,
küüüt, küt,
nasıl çarpıyor...

2

Tepedelen cephesinde bir ceset,
örtülüyor altında karların,
ve basından uçan miğferi
yuvarlanıyor önünde rüzgârın...

3

Fabrikanın avlusunda
elektrik ışığı,
uçunda ince bir telin
sallanıyor iki yana.

Bir kadın.
Boynu çıplak,
uzun saçlarıyla etekleri uçarak
atölyenin kapısında...

Rüzgar vurdu potrellere.
Atölyenin saçağından
büyük bir buz parçası düştü yere...

Der Frühling hält Einzug.
Sturm.
Der Südwestwind.
Wie stark,
            wie warm er doch weht...

Irgendwo ist wieder eine Scheibe in die Brüche gegangen
                        – die dritte in dieser Nacht –.
Die Tür einer der Gemeinschaftszellen ist nicht versperrt,
                        kracht mit
                            lautem Knall zu...

2

An der Front in Tepedelen eine Leiche,
unter Schnee begraben,
und der Helm, den es vom Kopf riß,
            rollt im Wind hin und her...

3

Im Hof der Fabrik
            hängt an einem dünnen Draht
eine Lampe,
            schwankt hin und her.

Eine Frau.
Der Hals nackt,
die langen Haare und der Rock flattern
            am Eingang zur Werkstatt...

Der Wind rüttelte die Tragbalken.
Vom Vordach
            fällt ein großer Eiszapfen herab...

4

Ovaya dört nala yaylılar iniyor:
çıngıraklar hamutlarında beygirlerin.
Ve iki yanda çırpınan muşambalarıyla
koşuyorlar gece yarısı denize doğru...

5

İnce uzun kılçıklardan ibaret kalan kavak ağaçları
                        aydınlıktılar
                        mehtâbolmadığı halde.
Ve kalın
ve dallı budaklı kestaneler kımıldanıyor
                  – iki yana sallanıyor değil
                  ağır ağır yer değiştiriyorlar âdeta –
gidiyordu göz alabildiğine
                  yıldızların ışığında
                      yapraksız ahşap kalabalığı...
Buna rağmen bu lodos,
              bu uğultu.
Buna rağmen havada
              dişi bir ten kokusu
              ve yüklü bir yumurtalığın sıcaklığı...
Dağlarda kar çözülüyor.
Yürüyor usareler
          yapraksız dalların ucuna doğru.
Gebe.
Gebelik.
Mevsim bahara yakın
ve doğumun
          – korkunç
            güzel
              ve sıcaktır –
günü doldu dolacak...

23.1.1941

4

Die Kutschen fahren im Galopp zu Tal:
Glöckchen bimmeln am Kummet der Gäule.
Und mit ihrem Wachstuch am Bauch
traben sie um Mitternacht dem Meer zu...

5

Die Pappeln, nur aus einem dünnen, langen Stumpf bestehend,
leuchten hell,
auch wenn kein Vollmond scheint.
Und die stämmigen,
knorrigen Kastanien wiegen sich
– wanken zwar nicht,
als wollten sie langsam die Plätze tauschen –
doch die blattlose, hölzerne Masse
streckt und reckt sich, soweit das Auge reicht,
im Licht der Sterne...
Dennoch dieser Südwestwind,
dieses Rauschen
Dennoch duftet es in der Luft
nach der Haut einer Frau
und der Wärme eines befruchteten Eierstocks...
Auf den Bergen schmilzt der Schnee.
Der Saft steigt
bis ans Ende der blattlosen Äste.
Geschwängert.
Schwanger.
Der Frühling hält Einzug,
und der Tag der Geburt
– wunderbar
schön
und warm –
steht vor der Tür.

23.1.1941

Pirâyende

Yepyeni ve çok güzel bir dünyanın insanları gibi sevişmesini
sevişmesin! [bildiğimiz kadar biliyoruz
bugünkü bedbaht dünyadakiler gibi de.

Sen ki güzelsin
cesursun
iyi ve akıllısın;
artık kayboldu »dün«,
geri dönmez bir daha.
Ve ey kalbimin sahibi;
»yarın« içindedir »bügün«ün
koza tırtılındaki altın kelebek gibi.

Sevgilim;
çekirdekler kabukla örtülüdürler.
Sevgilim;
yıldızlarımızın bahçesinden dal koparma,
yemişlerini kesme dilim dilim.
Koparılmış dal
ve kesilmiş yemişler ölüdürler.
Sen ki cesursun
güzelsin
iyi ve akıllısın;
bahçeyi görebilmektir bahtiyarlık
durmadan kuruyup
durmadan
yeşeren
bahçeyi.

Pirâyende

So wie wir es verstehen, uns zu lieben wie die Menschen einer ganz
so verstehen wir es auch, [neuen, wunderschönen Welt,
uns zu lieben wie die dieser unglücklichen Welt heute.

Du bist wahrlich schön,
kühn,
gütig und klug;
»das Gestern« ist vergangen,
kommt nicht mehr wieder.
O du, Besitzerin meines Herzens,
»das Morgen« liegt im »Heute«,
wie ein goldener Schmetteriing im Kokon.

Mein Liebling,
die Keme sind von einer Schale umschlossen.
Mein Liebling,
brich keinen Ast aus unsrem Sternengarten,
schneide die Früchte nicht in Scheiben.
Der abgebrochene Ast
und die kleingeschnittenen Früchte sind tot.
Du bist wahrlich kühn,
schön,
gütig und klug;
Glück bedeutet, den Garten betrachten zu können,
den Garten,
der unaufhörlich verdorrt,
unaufhörlich
grünt.

Durmadan kuruyup
        durmadan
            yeşeren
                bahçeden
geçmez iki kerre aynı rüzgâr.
Ve ey kalbimin sahibi
bugünkü bedbaht dünyadaki insanlar gibi sevişmesini bildiğimiy kadar biliyoruz
        sevişmesini de
            yarınki dünyadakiler gibi.

Bursa Hapisanesi, 25 Ağustos 1942

In einem Garten,
        der unaufhörlich verdorrt,
            unaufhörlich
                grünt,
weht nicht zweimal derselbe Wind.
O du, Besitzerin meines Herzens,
so sehr wir es verstehen, uns zu lieben wie die Menschen
in dieser unglücklichen Welt heute,
        so verstehen wir es auch,
            uns zu lieben wie die in der Welt morgen.

25. August 1942. Gefängnis zu Bursa

* * *

Geldi yıldızlarla birlikte hatıralar,
yine gönlün bir pırıltıya etti rağbet.
Bir dildâden var Nâzım Hikmet
sesten ve ıtırdan ibaret...

1943

* * *

Mit den Sternen kamen die Erinnerungen,
mein Herz suchte wieder das Funkeln.
Du hast eine Liebste, Nâzım Hikmet,
sie besteht aus Stimme und Duft...

1943

***

Yıldızlar yandı
sizi seviyorum.
Gece uyandı
sizi seviyorum.
İki yüreğimiz iki insandı
sizi seviyorum
                bizden ayrı iki insan.
Ne kadar benziyorlar size
ne kadar benziyorlar bana
ne kadar bize benzemiyorlar.
Bizden iyi
        bizden çocuk
                bizden cesur.

Biz yüreklerimizden çok akıllıyızdır,
                    hesaplı
                        ve fitne fücur.
Şüphe eden biziz, inanan biz,
ihtimaller ve korkular bizim içindir
                hasret bizim için.
Ve hattâ biziz ağlayan ve gülen.
Yüreklerimize bühtan etmeyelim,
sevmekten gayrı şey bilmez yüreklerimiz.

Gözümün nuru canım sultanım
sizi seviyorum,
Pirâye hanım
sizi seviyorum.

1943

* * *

Die Sterne funkelten,
ich liebe Euch.
Die Nacht erwachte,
ich liebe Euch
Unsre zwei Herzen waren zwei Menschen,
ich liebe Euch
                    Euch zwei Menschen, nicht wie wir.
Wie sehr gleichen sie Euch,
wie sehr gleichen sie mir,
wie sehr wiederum gleichen sie uns auch nicht.
Sie sind besser als wir,
          kindlicher,
                    mutiger als wir.

Wir sind viel klüger als unsre Herzen,
                         kühl berechnend
                              und ewige Unruhestifter.
Wir sind diejenigen, die mit Argwohn betrachten und glauben,
Möglichkeiten und Ängste sind für uns da,
                    Sehnsucht für uns da.
Ja, wir sind auch diejenigen, die weinen und lachen.
Wir sollen unsre Herzen nicht verleumden,
außer dem Lieben können unsre Herzen nichts.

Mein Augenlicht, meine liebe Sultanin,
ich liebe Euch,
Pirâye Hanım,
ich liebe Euch.

1943

***

Ne güzel şey hatırlamak seni:
ölüm ve zafer haberleri içinden,
hapiste
ve yaşım kırkı geçmiş iken...

Ne güzel şey hatırlamak seni:
bir mavi kumaşın üstünde unutulmuş olan elin:
ve saçlarında
vakur yumuşaklığı canımın içi İstanbul toprağının...
İçimde ikinci bir insan gibidir
                    seni sevmek saadeti...
Parmakların uçunda kalan kokuşu sardunya yaprağının,
güneşli bir rahatlık
ve etin daveti:
    kıpkızıl çizgilerle bölünmüş
        sıcak
            koyu bir karanlık...

Ne güzel şey hatırlamak seni,
yazmak sana dair,
hapiste sırtıstü yatıp seni düşünmek:
filânca gün, falanca yerde söylediğin söz,
            kendisi değil
            edasındaki dünya...

Ne güzel şey hatırlamak seni.
Sana tahtadan bir şeyler oymalıyım yine:

Gedichte für Pirâye, geschrieben zwischen 21- 22 Uhr

***

Wie schön, in Gedanken bei dir zu sein:
mitten in den Meldungen von Tod und Sieg,
im Gefängnis
und gerade jetzt, da ich die Vierzig überschritten habe...

Wie schön, in Gedanken bei dir zu sein:
deine Hand, vergessen auf einem blauen Stoff,
und in deinen Haaren
die stolze Weichheit meiner heißgeliebten Istanbuler Erde,
wie ein zweiter Mensch in mir ist
                    das Glück, dich zu lieben.
Der Duft des Geranienblattes, der an den Fingerspitzen haftete,
eine sonnige Ruhe,
und der Ruf des Fleisches:
    ein heißes,
           tiefes Dunkel,
              durch tiefrote Linien getrennt...

Wie schön, in Gedanken bei dir zu sein,
über dich zu schreiben,
rücklings im Gefängnis liegen, an dich zu denken,
an das Wort, das du mir irgendwann, irgendwo gesagt hast,
                nicht an das Wort selbst,
                sondern an seine Form, die Welt darin.

Wie schön, in Gedanken bei dir zu sein.
Ich muß dir wieder etwas aus Holz fertigen,

bir çekmece
bir yüzük,
ve üç metre kadar ince ipekli dokumalıyım.
Ve hemen
fırlayarak yerimden
penceremde demirlere yapışarak
hürriyetin sütbeyaz maviliğine
sana yazdıklarımı bağıra bağıra okumalıyım...

Ne güzel şey hatırlamak seni:
ölüm ve zafer haberleri içinden,
hapiste
ve yaşım kırkı geçmiş iken...

1945

ein Schmuckkästchen,
einen Ring.
Ich muß dir etwa drei Meter feine Seide weben,
und augenblicklich
von meinem Platz aufspringend
sie an die Gitterstäbe meines Fensters spannend
muß ich der himmelblauen Freiheit entgegen
dir mit lauter Stimme das vorlesen, was ich für dich niederschrieb...

Wie schön, in Gedanken bei dir zu sein:
mitten in den Meldungen von Tod und Sieg
im Gefängnis
und gerade jetzt, da ich die Vierzig überschritten habe...

1945

20 Eylül 1945

Bu geç vakit
bu sonbahar gecesinde
kelimelerinle doluyum;
zaman gibi, madde gibi ebedi,
göz gibi çıplak,
el gibi ağır
ve yıldızlar gibi pırıl pırıl
kelimeler.

Kelimelerin geldiler bana,
yüreğinden, kafandan, etindendiler.
Kelimelerin getirdiler seni,
onlar: ana,
onlar: kadın
ve yoldaş olan...
Mahzundular, acıydılar, sevinçli, umutlu, kahramandılar.
kelimelerin *insandılar*...

20. September 1945

Um diese späte Stunde,
in dieser Herbstnacht
bin ich erfüllt von deinen Worten;
ewig wie die Zeit, wie die Materie,
nackt wie das Auge,
schwer wie die Hand
und funkelnd wie die Sterne
sind die Worte.

Deine Worte kamen zu mir,
aus deinem Herzen, deinem Kopf, deinem Fleisch.
Deine Worte brachten dich mit,
sie sind: Mutter,
sind: Frau
und Genossin...
Sie waren traurig, bitter, froh, hoffnungsvoll, heldenhaft.
Deine Worte *waren Menschen...*

21. Eylül 1945

Oğlumuz hasta,
babası hapiste,
senin yorgun ellerinde ağır başın,
dünyanın hali gibi halimiz...

İnsanlar, daha güzel günlere insanları taşır,
oğlumuz iyileşir,
babası çıkar hapisten,
güler senin altın gözlerinin içi,dünyanın hali gibi halimiz...

21. September 1945

Unser Sohn ist krank,
sein Vater im Gefängnis,
in deinen müden Händen dein schwerer Kopf,
unser Zustand ähnelt jenem der Welt...

Die Menschen bringen uns zu noch schöneren Tagen,
unser Sohn wird gesund,
sein Vater aus dem Gefängnis entlassen,
sie lachen, die Pupillen deiner goldenen Augen,
unser Zustand ähnelt jenem der Welt...

22 Eylül 1945

Kitap okurum:
        içinde sen varsın,
şarkı dinlerim:
        içinde sen.
Oturdum ekmeğimi yerim:
        karşımda sen oturursun,
çalışırım:
      karşımda sen.
Sen ki, her yerde »hâzirı nâzır«ımsın,
            konuşamayız seninle,
            duyamayız sesini birbirimizin:
sen benim sekiz yıldır dul karımsın...

22. September 1945

Ich lese ein Buch:
        darin bist du,
ich höre ein Lied:
        darin bist du.
Ich setze mich und esse mein Brot:
        mir gegenüber sitzt du,
ich arbeite:
      mir gegenüber bist du.
Überall bist du doch meine »Allgegenwärtige«,
            wir können nicht miteinander sprechen,
            können die Stimme des andren nicht hören:
du bist meine Frau, Witwe seit acht Jahren...

23 Eylül 1945

O şimdi ne yapıyor,
şu anda, şimdi, şimdi?
Evde mi, sokakta mı,
çalışıyor mu, uzanmış mı, ayakta mı?
Kolunu kaldırmış olabilir,
– hey gülüm,
beyaz, kalın bileğim nasıl da çırçıplak eder bu hareketi!.. –

O şimdi ne yapıyor,
şu anda, şimdi, şimdi?
Belki dizinde bir kedi yavrusu var,
okşuyor.
Belki de yürüyordur, adımını atmak üzredir,
– her kara günümde onu bana tıpış tıpış getiren
sevgili, canımın içi ayaklar!.. –
Ve ne düşünüyor,
beni mi?
Yoksa
ne bileyim
fasulyanın neden bir türlü pişmediğini mi?
Yahut, insanların çoğunun
neden böyle bedbaht olduğunu mu?
O şimdi ne düşünüyor,
şu anda, şimdi, şimdi?...

23. September 1945

Was macht sie jetzt,
in diesem Augenblick, jetzt gerade?
Ist sie zu Hause, auf der Straße,
arbeitet sie, hat sie sich hingelegt, ist sie auf den Beinen?
Vielleicht hat sie den Arm gehoben,
– o meine Rose,
wie bloß und nackt macht diese Geste dein weißes, festes
[Handgelenk!.. –
Was macht sie jetzt,
in diesem Augenblick, jetzt gerade?
Vielleicht hat sie auf dem Knie ein junges Kätzchen,
streichelt es.
Vielleicht läuft sie auch, macht gerade einen Schritt,
– ihr lieben, holden Füße, die ihr trippelnd
sie mir bringt an jedem meiner schwarzen Tage!.. –
Und woran denkt sie,
an mich?
Oder,
was weiß ich,
warum die Bohnen immer noch nicht kochen?
Oder warum die meisten Menschen
so unglücklich sind?
Woran denkt sie jetzt,
in diesem Augenblick, jetzt gerade?..

24 Eylül 1945

En güzel deniz:
henüz gidilmemiş olanıdır.
En güzel çocuk:
henüz büyümedi.
En güzel günlerimiz:
henüz yaşamadıklarımız.
Ve sana söylemek istediğim en güzel söz:
henüz söylememiş olduğum sözdür...

24. September 1945

Das schönste Meer ist
das noch nicht befahrene.
Das schönste Kind ist
das noch nicht herangewachsene.
Unsere schönsten Tage sind
die noch nicht erlebten.
Und das schönste Wort, das ich dir sagen möchte, ist
das noch nicht gesagte.

25 Eylül 1945

Saat 21.
Meydan yerinde kampana vurdu,
nerdeyse koğuşların kapıları kapanır.
Bu sefer hapislik uzun sürdü biraz:
                    8 yıl...
Yaşamak: ümitli bir iştir, sevgilim,
yaşamak:
        seni sevmek gibi ciddi bir iştir...

25. September 1945

Es ist 21 Uhr.
Auf dem Gefängnishof hat die Glocke geläutet,
bald werden die Türen der Zellen zugesperrt.
Dieses Mal hat die Gefangenschaft ziemlich lange gedauert:
acht Jahre...
Zu leben: ist etwas Hoffnungsvolles, meine Liebe,
zu leben:
ist etwas Ernstes, wie dich zu lieben...

26 Eylül 1945

Bizi esir ettiler,
bizi hapse attılar:
beni duvarların içinde,
seni duvarların dışında.
Ufak iş bizimkisi.
Asıl en kötüsü:
bilerek, bilmeyerek
hapisaneyi insanın kendi içinde taşıması...
İnsanların birçoğu bu hale düşürülmüş,
namuslu, çalışkan, iyi insanlar
ve seni sevdiğim kadar sevilmeye lâyık.

26. September 1945

Sie nahmen uns gefangen,
warfen uns ins Gefängnis:
ich innerhalb der Mauern,
du außerhalb.
Unsere Sache ist unbedeutend.
Eigentlich das Schlimmste jedoch:
der Mensch trägt, wissentlich oder unwissend,
das Gefängnis in sich selbst...
Viele, viele Menschen trieb man soweit,
ehrliche, fleißige, gute Menschen,
die es verdienen, so geliebt zu werden, wie ich dich liebe...

30 Eylül 1945

Seni düşünmek güzel şey
                    ümitli şey
dünyanın en güzel sesinden en güzel şarkıyı dinlemek gibı bir şey.
Fakat artık ümit yetmiyor bana,
ben artık şarkı dinlemek değil
                    şarkı söylemek istiyorum...

30. September 1945

An dich zu denken, ist etwas Schönes,
etwas Hoffnungsvolles,
als hörte man das schönste Lied der schönsten Stimme der Welt.
Aber die Hoffnung reicht mir nicht mehr,
ich will kein Lied mehr hören,
ich will singen...

1 Ekim 1945

Dağın üstünde:
akşam güneşiyle yüklü olan bir bulut var dağın üstünde.
Bugün de:
sensiz, yani yarı yarıya dünyasız geçti bugün de.
Birazdan açar
kırmızı kırmızı:
gecesefaları birazdan açar kırmızı kırmızı.
Taşır havamızda sessiz, cesur kanatlar
vatandan ayrılığa benzeyen ayrılığımızı...

1. Oktober 1945

Über dem Berg:
eine Wolke hängt über dem Berg, voll beladen mit der Abendsonne.
Auch heute:
auch heute verging ohne dich, also halb ohne die Welt.
Ein wenig
blühen sie tiefrot:
die Morgenprachtwinden blühen ein wenig später tiefrot.
Die lautlosen, mutigen Flügel in der Luft tragen
unsere Trennung mit sich fort, der Trennung von der Heimat
[gleichend...

2 Ekim 1945

Rüzgâr akar gider,
aynı kiraz dalı bir kere bile sallanmaz aynı rüzgârla .
Ağaçta kuşlar cıvıldaşır:
kanatlar uçmak ister.
Kapı kapalı:
zorlayıp açmak ister.
Ben seni isterim:
senin gibi güzel,
dost
ve sevgili olsun hayat...
Biliyorum henüz bitmedi
sefaletin ziyafeti...
Bitecek fakat...

2. Oktober 1945

Der Wind rauscht vorüber,
derselbe Kirschbaumzweig wird kein einziges Mal vom selben Wind [geschüttelt.
Im Baum zwitschern Vögel:
die Flügel möchten fliegen.
Die Tür ist geschlossen:
man möchte sie gewaltsam öffnen.
Ich möchte dich:
schön wie du,
freundlich
und lieb möge das Leben sein...
Ich weiß, noch ist
die Tafelrunde der Armut nicht zu Ende...
Doch sie wird enden...

5 Ekim 1945

İkimiz de biliyoruz, sevgilim,
öğrettiler:
        aç kalmayı, üşümeyi,
        yorgunluğu ölesiye
        ve birbirimizden ayrı düşmeyi.
Henüz öldürmek zorunda bırakılmadık
ve öldürülmek işi geçmedi başımızdan.

İkimiz de biliyoruz, sevgilim,
öğretebiliriz:
        dövüşmeyi insanlarımız için
        ve her gün biraz daha candan
                biraz daha iyi
                sevmeyi...

5. Oktober 1945

Auch wir beide, meine Liebe, wissen es,
man hat es uns beigebracht:
zu hungern, zu frieren,
todmüde zu sein
und getrennt voneinander zu leben.
Wir wurden noch nicht gezwungen zu töten
und erlitten auch selbst noch nicht den Tod.

Auch wir beide, meine Liebe, wissen es,
wir können es ihnen beibringen:
für unsere Menschen zu kämpfen,
und jeden Tag noch etwas inniger,
noch etwas besser
zu lieben...

6 Ekim 1945

Bulutlar geçiyor: haberlerle yüklü, ağır.
Buruşuyor hâlâ gelmeyen mektup avucumda.
Yürek kirpiklerin uçunda,
                    uzayıp giden toprak uğurlanır.
Benim bağırasım gelir: »Pirâye,
                    Pirâye!..« diye...

6. Oktober 1945

Die Wolken ziehen vorüber: beladen mit Nachrichten, schwer.
Der Brief, der noch nicht eintraf, wird zerknüllt in meiner Hand.
Das Herz ist bedrückt,
                    man nimmt Abschied von der weiten Erde.
Ich möchte schreien: »Pirâye,
                        Pirâye!..«

7 Ekim 1945

İnsan çığlıkları geçti geceleyin açık denizleri
                    rüzgâr-
                        -larla.
Dolaşmak tehlikeli hâlâ
    geceleyin açık denizleri...
Altı yıldır sürülmedi bu tarla,
duruyor olduğu gibi tank paletlerinin izleri.
Tank paletlerinin izleri
            kapanır bu kış karla.

Ah, gözümün nuru, gözümün nuru,
yine yalan söylüyor antenler:
alın teri tacirleri kapatabilsin diye defteri yüzde yüz kârla.
Fakat Ezrailin sofrasından dönenler
            döndüler verilmiş kararlarla...

7. Oktober 1945

Schreie von Menschen gellen nachts über das offene Meer
mit den Winden
zusammen.
Nachts auf dem offenen Meer zu fahren,
ist noch immer gefährlich...
Sechs Jahre wurde dieser Acker nicht bestellt,
die Spuren der Panzerketten sind noch wie früher.
Die Spuren der Panzerketten werden
in diesem Winter von Schnee bedeckt sein.

O mein Augapfel, mein Augapfel,
die Antennen lügen wieder:
damit die Händler im Schweiß ihres Angesichts mit einem Profit von
[hundert Prozent ihr Kassenbuch schließen.
Die jedoch dem Mahl des Todesengels entkamen,
kehrten mit gefaßten Entschlüssen zurück.

8 Ekim 1945

Çekilmez bir adam oldum yine:
                    uykusuz, aksi, nâlet.
Bir bakıyorsun ki
ana avrat söver gibi, azgın bir hayvanı döver gibi bugün
çalışıyorum,
sonra bir de bakıyorsun ki
ağzımda sönük bir cıgara gibi tembel bir türkü
sabahtan akşama kadar sırtüstü yatıyorum ertesi gün.
Ve beni çileden çıkartıyor büsbütün
                    kendime karşı duyduğum nefret
                        ve merhamet...
Çekilmez bir adam oldum yine:
                    uykusuz, aksi, nâlet
Yine her seferki gibi haksızım.
Sebep yok,
        olması da imkânsız.
Bu yaptığım iş ayıp
                rezalet.
Fakat elimde değil
            seni kıskanıyorum
            beni affet...

8. Oktober 1945

Ich bin wieder ein unerträglicher Mensch geworden:
schlaflos, unfreundlich, böse.
Auf einmal siehst du,
daß ich heute so arbeite, als würde ich fürchterlich fluchen,
ein wildes Tier schlagen,
dann wieder siehst du,
dass ich am Tag darauf, ein faules Lied im Mund,
einer verbrannten Zigarette gleich von morgens bis abends auf dem
Und der mir gegenüber empfundne Haß und das Mitleid [Rücken liege.
versetzen mich regelrecht
in Zorn...
Ich bin wieder ein unerträglicher Mensch geworden:
schlaflos, unfreundlich, böse.
Wieder habe ich wie immer kein Recht dazu.
Es gibt keinen Grund,
kann auch keinen geben.
Was ich da tue, ist ungehörig,
gemein.
Doch ich kann mich nicht zügeln,
bin eifersüchtig auf dich,
verzeih mir...

9 Ekim 1945

Dün gece rüyama girdin:
dizimin dibinde oturuyormuşun.
Başım kaldırdın, kocaman, sarı gözlerini bana çevirdin.
Bir şeyler soruyormuşun.
Islak dudakların kapanıp açılıyor,
            sesini duymuyorum ama.

Gecenin içinde bir yerlerde aydınlık bir haber gibi saat çalıyor.
Havada fısıltısı başsızlığın ve sonsuzluğun.
Kırmızı kafesinde, kanaryamın: »Memo«mun türküsü
sürülmüş bir tarlada toprağı itip yükselen tohumların çıtırdısı
ve bir kalabalığın haklı ve muzaffer uğultusu geliyor kulağıma,
Senin ıslak dudakların hep öyle açılıp kapanıyor
            sesini duymuyorum ama...

Kahrederek uyandım.
Kitabın üstünde uyuyakalmışım meğer
Düşünüyorum:
      yoksa senin sesin miydi bütün o sesler?

9. Oktober 1945

Gestern nacht bist du mir Traum erschienen:
Du saßest mir zu Füßen,
Du hobst deinen Kopf und blicktest mich an mit deinen großen, gelben
Du fragtest etwas. [Augen.
Deine feuchten Lippen öffnen und schließen sich,
deine Stimme jedoch höre ich nicht.

Irgendwo in der Nacht läutet, einer klaren Botschaft gleich, eine Uhr.
In der Luft das Flüstern der Anfangs- und Endlosigkeit.
Im roten Käfig das Lied »Memos«, meines Kanarienvogels,
auf dem bestellten Feld das Knacken des Samens, der gegen die Erde
[drückt und treibt,
und das gerechte und siegreiche Dröhnen einer Menge dringt an mein Ohr.
Deine feuchten Lippen öffnen und schließen sich,
deine Stimme jedoch höre ich nicht...

Niedergeschlagen wachte ich auf
Ich schlief doch tatsächlich über dem Buch ein.
Ich denke nach:
gehörten all die Stimmen etwa dir?

10 Ekim 1945

Gözlerine bakarken
güneşli bir toprak kokuşu vuruyor başıma
bir buğday tarlasında, ekinlerin içinde kayboluyom...

Yeşil pırıltılarla uçsuz bucaksız bir uçurum,
durup dinlenmeden değişen ebedi madde gibi gözlerin:
sırrını her gün bir parça veren
fakat hiçbir zaman
büsbütün teslim olmayacak olan...

10. Oktober 1945

Wenn ich dir in die Augen sehe,
steigt mir der Duft einer sonnigen Erde zu Kopf,
ich verliere mich in einem Kornfeld, mitten im Weizen...

Deine Augen sind wie ein grün glänzender endloser Abgrund,
wie eine sich unaufhörlich ändernde Materie:
die jeden Tag ein Stück von ihrem Geheimnis offenbaren,
sich jedoch niemals
ganz und gar hingeben...

18 Ekim 1945

Kale kapısından çıkarken ölümle buluşmak üzre,
son defa dönüp baktığımızda şehre,
sevgilim, şu sözleri söyleyebileceğiz:
    »Pek de öyle güldürmedinse de yüzümüzü,
    çalıştık gücümüzün yettiği kadar
                seni bahtiyar
                    kılalım diye.
Devam ediyor bahtiyarlığa doğru gidişin,
                devam ediyor hayat.
İçimiz rahat,
gönlümüzde hak edilmiş ekmeğine doymuşluk,
gözümüzde ışığından ayrılmanın kederi,
                işte geldik gidiyoruz
                    şen olasın Halep şehri...«

18. Oktober 1945

Wenn wir aus Schloßtor treten, um den Tod zu treffen,
wenn wir uns zum letzten Mal umsehen zur Stadt,
so werden wir, meine Liebste, sagen können:
»Auch wenn du unser Gesicht nicht heiter machtest,
arbeiten wir doch nach Kräften daran,
dich glücklich
zu machen.
Sie geht weiter deine Reise ins Glück,
das Leben geht weiter.
Wir fühlen uns wohl,
unser Herz satt von deinem verdienten Brot,
unsere Augen voll Trauer, dich zu verlassen,
nun, wir kamen und gehen wieder,
bleib heiter und munter, Aleppo...«

27 Ekim 1945

Bir elmanın yarısı biz
yarısı bu koskoca dünya.
Bir elmanın yarısı biz
yarısı insanlanmız.
Bir elmanın yarısı sen
yarısı ben
ikimiz...

27. Oktober 1945

Die Hälfte des Apfels sind wir
die andere Hälfte diese weite Erde.
Die Hälfte des Apfels sind wir
die andere unsere Menschen.
Die Hälfte des Apfels bist du
die andere ich
wir beide...

28 Ekim 1945

Itır saksısında artan koku,
denizlerde uğultular
ve işte dolgun bulutları ve akıllı toprağıyla sonbahar...

Sevgilim,
yaş kemâlim buldu.
Bana öyle gelir ki
    belki bin yıllık bir ömrün macerası geçti başımızdan
Ama biz hâlâ
        güneşin altında el ele yalnayak koşan
                hayran gözlü çocuklarız...

28. Oktober 1945

Der sich ausbreitende Duft im Geranientopf,
das Rauschen des Meeres
und hier der Herbst mit seinen beladenen Wolken und seiner weisen Erde...

Meine Liebste,
ich bin im reifen Alter.
Es kommt mir vor,
als wäre ein Lebensabenteuer von vielleicht tausend Jahren an uns
[vorübergezogen.
Doch sind wir immer noch
unter der Sonne barfuß Hand in Hand laufende
Kinder mit wunderbaren Augen...

5 Kasım 1945

Çiçekli badem ağaçlarım unut.
Değmez,
bu bahiste
        geri gelmesi mümkün olmayan hatırlanmamalı
Islak saçlarını güneşte kurut:
        olgun meyvelerin baygınlığıyla pınidasın
                nemli, ağır kızıltılar...
Sevgilim, sevgilim,
        mevsim
          sonbahar...

5. November 1945

Vergiß die blühenden Mandelbäume.
Es hat keinen Wert,
in dieser Sache
    soll man sich nicht erinnern an das nicht Wiederkehrende.
Trockne dein nasses Haar in der Sonne:
    mir dem Zauber reifer Früchte sollen
        die feuchten, schweren, roten Flecken glänzen...
Liebste, meine Liebste,
    diese Jahreszeit
        ist der Herbst...

8 Kasım 1945

Uzaktaki şehrimin damları üzerinden
ve Marmara denizinin dibinden geçip
sonbahar topraklarıni aşarak
                olgun ve ıslak
                    geldi sesin.
Bu, üç dakikalık bir zamandı.
Sonra, telefon simsiyah kapandı...

8. November 1945

Über die Dächer meiner Stadt in der Ferne hinweg
und vom Grund des Marmarameers herauf,
die herbstliche Erde überfliegend,
erreichte mich, reif
und naß, deine Stimme.
Es war eine Zeitdauer von drei Minuten.
Dann war der Telefonanruf tiefschwarz zu Ende...

12 Kasım 1945

Damardan boşanan kan gibi ılık ve uğultulu
                        son lodoslar esmeye başladı.
Havayı dinliyorum:
                    nabız yavaşladı.
Uludağ'da zirvede kar
ve Kirezli-Yaylada şahane ve şipşirin yatmış uykudadır
                kırmızı kestane yapraklarının üstünde ayılar.
Ovada kavaklar soyunuyor.
İpekböceği tohumları kışlaklarına gitti gidecek,
sonbahar bitti bitecek,
nerdeyse girecek gebe-uykulanna toprak.
Ve biz yine bir kış daha geçireceğiz:
                    büyük öfkemizin içinde
                    ve mukaddes ümidimizin ateşinde ısınarak...

12. November 1945

Lau und rauschend wie Blut, das aus den Adern fließt
begann der letzte Südwestwind zu wehen.
Ich lausche dem Wetter:
der Puls ist langsamer geworden.
Auf dem Gipfel des Uludağ liegt Schnee,
und in Kirezli-Yayla haben sich wohl auf den roten Kastanienblättern
die Bären wunderbar, herrlich zum Schlafen gelegt.
Die Pappeln im Tal werfen die Blätter ab.
Die Larven der Seidenraupen ziehen sich bald in ihr Winterversteck
der Herbst nimmt Abschied, [zurück,
die Erde geht über kurz ein in ihren Schwangerschaftsschlaf.
Und wir werden wieder einen Winter verbringen:
uns wärmend in unsrem großen Zorn
und im Feuer unsrer heiligen Hoffnung...

13 Kasım 1945

Tarif kabul etmez, »diyorlar« İstanbulun sefaleti,
milleti, »diyorlar«, kırıp geçirdi açlık,
verem illeti, »diyorlar«, diz boyu.
Şu kadarcık kız çocuklarım, »diyorlar«,
                    yangın yerlerinde, sinema localannda...
....
....
Kara haberler geliyor uzaktaki şehrimden:
namuslu, çalışkan, fakir insanların şehri –
                        sahici İstanbulum,
sevgilim, senin mekânın olan
ve nereye sürülsem, hangi hapiste yatsam
                    sırtımda, torbamın içinde götürdüğüm
            ve evlât açışı gibi yüreğimde,
            senin hayalin gibi gözlerimde taşıdığım şehir...

13. November 1945

Unbeschreiblich, »heißt es«, ist Istanbuls Elend,
die Bevölkerung, »heißt es«, wird vom Hunger tyrannisiert,
die Tuberkulose, »heißt es«, reicht bis zu den Knien,
Die ganz kleinen Mädchen, »heißt es«,
                    an brennenden Orten, in den Logen der Kinos...
....
....
Schlechte Nachrichten kommen aus meiner Stadt in der Ferne:
die Stadt ehrbarer, fleißiger, armer Menschen –
                        mein wahres Istanbul,
die Stadt, meine Liebste, die deine Heimat ist,
die ich, wohin ich auch verbannt bin, in welchem Gefängnis ich auch sitze,
                    in meinem Sack am Rücken mitnehme
                und in meinem Herzen wie den Schmerz um den Verlust
                in meinen Augen wie das Bild von dir trage...   [eines Kindes,

20 Kasım 1945

Saksılarda hâlâ tek tük karanfil bulunursa da
ovada güz nadasları yapıldı çoktan,
                tohum saçılıyor.
Ve zeytin devşirilmekte.
Bir yandan kısa girilmekte,
bir yandan bahar fidelerine yer açılıyor.
Bense hasretinle dolu
        ve büyük yolculukların sabırsızlığıyla yüklü
        yatıyorum demirli bir şilep gibi Bursa'da...

20. November 1945

Auch wenn in den Blumentöpfen immer noch vereinzelt Nelken blühen,
sind im Tal die Herbstfelder längst bestellt,
                    die Saat wird ausgebracht.
Und die Oliven werden geerntet.
Einerseits bereitet man sich auf den Winter vor,
andererseits macht man Platz für die Schößlinge des Frühlings.
Was mich betrifft, ich sitze in Bursa wie ein Frachtdampfer vor Anker,
          voll Sehnsucht nach dir
          und beladen mit der Ungeduld großer Reisen...

1945 Yılı Aralık Ayının Dördü

İlk göz göze geldiğimiz günkü elbiseni çıkar sandıktan,
giyin, kuşan,
benze bahar ağaçlarına...
Hapisten
        mektubun içinde yolladığım karanfili tak saçlarına
kaldır, öpülesi çizgilerle kırışık beyaz, geniş alnını,
böyle bir günde yılgın ve kederli değil,
                        ne münasebet,
böyle bir günde bir isyan bayrağı gibi güzel olmalı
                                        [Nâzım Hikmet'in kadını...

Der vierte Dezember des Jahres 1945

Hol das Kleid aus der Truhe, das du bei unserer ersten Begegnung trugst,
zieh es an,
gleiche den Frühlingsbäumen...
Steck dir die Nelke ins Haar,
die ich dir mit dem Brief aus dem Gefängnis schickte,
hebe die runzlige, weiße, breite Stirn, die man küssen sollte,
an einem solchen Tag darf sie nicht mutlos und traurig sein,
ganz und gar nicht,
an einem solchen Tag soll sie schön sein wie die Fahne des Aufstands,
[die Frau Nâzım Hikmets...

5 Aralık 1945

Delindi sintine,
esirler parçalamakta pırangaları.
Yıldız-poyrazdır esen,
tekneyi kayaların üstüne atacak.
Bu dünya,bu korsan gemisi batacaktır,
                    taş çatlasa batacak.
Ve senin alnın gibi hür, ferah ve ümitli bir âlem
                              kuracağız Pirâyem...

5. Dezember 1945

Die Bilge war durchlöchert,
die Sklaven sind dabei, ihre Ketten zu zertrümmern.
Es weht der Nordnordostwind,
er wird den Kahn gegen die Felsen schleudern.
Diese Welt, dieses Piratenschiff werden untergehen,
unausweichlich untergehen.
Und wir werden eine Welt gründen, meine Pirâye,
die so frei, fröhlich und hoffnungsvoll sein wird wie
[deine Stirn...

6 Aralık 1945

Onlar ümidin düşmanıdır, sevgilim,
akar suyun,
        meyve çağında ağacın,
        serpilip gelişen hayatın düşmanı.
Çünkü ölüm vurdu damgasını alınlarına:
            – çürüyen diş, dökülen et –
        bir daha geri dönmemek üzre yıkılıp gidecekler.
Ve elbette ki, sevgilim, elbet,
dolaşacaktır elini kolunu sallaya sallaya,
dolaşacaktır en şanlı elbisesiyle: işçi tulumuyla
                bu güzelim memlekette hürriyet...

6. Dezember 1945

Sie sind der Feind der Hoffnung, meine Liebste,
der Feind des fließenden Wassers,
    des früchtetragenden Baumes,
    des wachsenden, sich entwickelnden Lebens.
Denn der Tod drückte ihnen seinen Stempel auf die Stirn:
        – faulender Zahn, verwesendes Fleisch –
        sie werden zusammenbrechen, ohne noch einmal zurückzukehren.
und gewiß, meine Liebste, gewiß
wird die Freiheit beschwingt und sorglos umherspazieren
in ihrem prächtigsten Gewand in diesem schönen Land einhergehen:
            im Arbeitskittel...

7 Aralık 1945

Bursa'da havlucu Receb'e,
Karabük fabrikasında tesviyeci Hasan'a düşman,
fakir-köylü Hatçe kadına,
ırgat Süleyman'a düşman,
sana düşman, bana düşman,
düşünen insana düşman,
vatan ki bu insanların evidir,
sevgilim, onlar vatana düşman...

7. Dezember 1945

Feind des Handtuchwebers Recep in Bursa,
des Maschinenschlossers Hasan in der Fabrik in Karabük,
der armen Bäuerin Hatçe,
Feind des Landarbeiters Süleyman,
dein Feind, mein Feind,
des denkenden Menschen Feind,
und das Zuhause dieser Menschen ist das Vaterland,
sie sind Feinde des Vaterlands, meine Liebste...

12 Aralık 1945

Ağaçlar ovada son bir gayretle pırıldamakta:
pul pul altın
bakır
tunç ve tahta...
Öküzlerin ayakları yaş toprağa gömülüyor yumuşacık.
Ve dağlar dumana batık
kurşuni, sırılsıklam...
Tamam,
sonbahar belki bugün bitti artık.
Yaban kazları hızla gelip geçti demin
her hal İznik gölüne gidiyorlar.
Havada serin
havada is kokuşu gibi bir şey:
havada kar kukusu var...

12. Dezember 1945

Die Bäume im Tal glänzen mit aller Kraft:
da und dort Gold,
Kupfer,
Bronze und Holz...
Die Ochsenfüße versinken leicht in der nassen Erde.
Und die dunstverhangenen Berge
grau und tropfnaß...
Ja, so ist es,
der Herbst ist vielleicht heute schon zu Ende.
Die Wildgänse zogen eben eilig vorüber,
fliegen wohl zum Iznik-See.
Kälte liegt in der Luft,
so etwas wie der Geruch nach Ruß:
Schneegeruch liegt in der Luft...

13 Aralık 1945

Gece kar birdenbire bastırmış.
Bembeyaz dallardan dağılan kargalarla başladı sabah.
Göz alabildiğine Bursa ovasında kış:
başsızlık ve sonsuzluk geliyor akla.
Sevgilim,
değişti mevsim
        çekişen gelişmelerden sonra bir sıçramakla.
Ve kann altında mağrur
                hamarat
                    sürüp gidiyor hayat...

Şimdi dışarda olmak,
        dört nala sürmek dağlara doğru atı.
»Ata binmesini de bilmezsin«, diyeceksin ama
şakayı bırak ve kıskanma,
yeni bir huy edindim hapiste:
seni sevdiğim kadar değilse de
                hemen hemen ona yakın seviyorum tabiatı...
                Ve ikmiz de uzaktasınız...

13. Dezember 1945

In der Nacht ist plötzlich Schnee gefallen.
Der Morgen begann mit dem Flattern der Krähen auf weißen Zweigen.
Soweit das Auge reicht, bedeckt der Winter die Ebene von Bursa:
Anfangs- und Endlosigkeit kommen einem in den Sinn.
Meine Liebste,
die Jahreszeit hat sich geändert,
nach einem wechselvollen Verlauf schlagartig geändert.
Und unter dem Schnee geht das Leben weiter,
stolz
und fleißig...

Jetzt draußen zu sein
und auf dem Pferd die Berge hinanzugaloppieren.
»Du kannst doch gar nicht reiten«, wirst du sagen, doch
laß den Spaß beiseite, und sei nicht so eifersüchtig,
im Gefängnis habe ich mir etwas Neues angewöhnt:
wenn auch nicht so sehr wie dich,
so liebe ich doch die Natur fast genauso...
Und ihr seid alle beide in weiter Ferne...

14 Aralık 1945

Hay aksi lânet, fena bastırdı kış...
Sen ve namuslu İstanbul'um ne haldesiniz kim bilir?
Kömürün var mı?
Odun alabildin mi?
Camların kıyısma gazete kâadı yapıştır.
Gece erkenden yatağa gir.
Evde de satılacak bir şey kalmamıştır.
Yarı aç, yarı tok üşümek:
dünyada, memleketimizde ve şehrimizde
bu işte de çoğunluk bizde...

14. Dezember 1945

Oh verdammtes Pech, der Winter ist über uns hereingebrochen.
Du und mein ehrbares Istanbul, wie mag es wohl um euch stehn?
Hast du Kohle?
Konntest du Brennholz kaufen?
Beklebe die Fensterrahmen mit Zeitungspapier.
Geh nachts zeitig zu Bett.
Und zu Hause gibt es nichts mehr zu verkaufen.
Halb hungrig, halb satt frieren:
        auf der Welt, in unsrem Land, unsrer Stadt,
                auch da sind wir die Mehrheit...

Rubailer

1

Bir gerçek alemdi gördüğün ey Celâleddin, heyûla filân değil,
uçsuz bucaksız ve yaratılmadı, ressamı illeti-ûla filân değil.
Ve senin kızgın erinden kalan rubailerin en muhteşemi:
»Suret hemi zıllest...« filan diye başlayan değil...

Vierzeiler

1

Es ist wahres Universum, das du erblicktest, o Celaleddin, keine Hyle
unendlich weit, es wurde nicht erschaffen, sein Schöpfer ist nicht der
[Urgrund, der absolute.
Und der vollendetste der von deinem erregten Fleisch auf uns
[überkommenen Vierzeiler
beginnt nicht mit »Die Gestalt und der Schatten...«, nicht mit diesem
[Worte

2

Ruhum ne ondan önce vardı, ne ondan ayrı bir sırrın kemâlidir,
ruhum onun, o dışımdaki âlemin bende aksedenr hayâlidir,
Ve aslından en uzak ve aslına en yakın hayal
bana ışığı vuran yarimin cemâlidir...

3

Sevgilimin hayâli dile geldi aynanın üzerinde:
»O yok, ben varım,« dedi bana günün birinde.
Vurdum, düştü parçalandı ayna, kayboldu hayâl
ve lâkin çok şükür sevgilim duruyor yerli yerinde...

2

Weder existierte meine Seele vor der Welt,
noch ist sie die Vollendung eines anderen Geheimnisses,
meine Seele ist ihr Spiegelbild, also das der Welt um mich.
Und das dem Original fernste und ihm nächste Spiegelbild ist meiner
[Liebsten Anlitz, dessen Licht auf mich fällt...

3

Das Bild meiner Liebsten im Spiegel zu sprechen begann:
»Es gibt nicht sie, sondern mich,« sagte es zu mir eines Tages dann.
Ich schlug zu, der Spiegel fiel und zerbarst, das Spiegelbild verschwand,
jedoch steht zum Glück meine Liebste an ihrem gewohnten Platz...

4

Muşambanın üstüne resmini bir kerecik çizdim ama
günde bin kere resmin çıktı bende tepemden tırnağıma,
fakat ne tuhaf şey hayâlin onda daha çok kalacak
benden uzun ömürlüdür muşamba...

5

Sarılıp yatmak mümkün değil bende senden kalan hayâle.
Halbuki sen orda, şehrimde gerçekten varsın erinle kemiğinle
ve balından mahrum edildiğim kırmızı ağzın, kocaman gözlerin
[gerçekten var
ve âsi bir su gibi teslim oluşun ve beyazlığın ki dokunamıyom bile...

4

Ein einziges Mal nur zeichnete ich dein Bild auf Linoleum,
doch von Tag zu Tag vervielfätigte es sich in mir tausend Mal von Kopf
aber wie seltsam, dein Bild wird dort länger bleiben, als in mir, [bis Fuß
das Linoleum hat ein längeres Leben als ich...

5

Das Bild, das von dir blieb, zu umarmen und einzuschlafen, unmöglich.
Dennoch gibt es dich dort wirklich, in meiner Stadt, mit Haut und Knochen,
und deinen roten Mund, dessen Honig ich entbehre, die großen Augen
[gibt es wirklich,
und die Hingabe, die an ein wildes Wasser erinnert, und dein Weiß, das
[ich nicht einmal berühren darf...

6

Öptü beni: »Bunlar, kâinat gibi gerçek dudaklardır«, dedi.
»Bu ıtır senin icâdın değil, saçlarımdan uçan bahardır«, dedi.
»İster gökyüzünde seyret, ister gözlerimde:
körler onlan görmese de, yıldızlar vardır«, dedi...

7

Bu bahçe, bu nemli toprak, bu yasemin kokuşu, bu mehtaplı gece
pırıldamakta devâm edecek ben basıp gidince de,
çünkü o ben gelmeden, ben geldikten sonra da bana bağlı olmadan vardı
ve bende bu aslın sureti çıktı sadece...

6

Sie küßte mich und sagte: »Diese Lippen sind so wahr wie das
[Universum.«
Dieser Duft ist nicht deine Erfindung, es ist der Frühling,
[der aus meinen Haaren strömt.«
»Ob du den Himmel betrachtest, ob meine Augen:
Es gibt Sterne, auch wenn sie die Blinden nicht sehen.« sagte sie.

7

Dieser Garten, die feuchte Erde, der Jasminduft, die Vollmondnacht
werden weiterglänzen, auch wenn ich nicht mehr bin,
denn sie waren vor mir da, und sie werden, unabhängig von mir,
und in mir spiegelte sich nur das Bild dieses Urquells... [weiterbestehn,

8

»Paydos...« diyecek bize bir gün tabiat anamız,
    »gülmek, ağlamak bitti çocuğum...«
Ve tekrar uçsuz bucaksız başlayacak:
    görmeyen, konuşmayan, düşünmeyen hayat...

9

Ayrılık yaklaşıyor her gün biraz daha,
güzelim dünya elvedâ,
ve merhaba
    kâinat...

8

»Aus...« wird uns eines Tages unsere Mutter Natur sagen,
»das Lachen und Weinen hat ein Ende, mein Kind...«
Und wieder beginnt das Leben, ohne Anfang und Ende,
das nicht sieht, nicht spricht und nicht denkt...

9

Die Trennung nähert sich jeden Tag etwas mehr,
schöne Welt adieu,
und grüß dich,
Universum...

10

Balla dolu petek
yani gözlerin güneşle dolu...
Gözlerin, sevgilim, gözlerin toprak olacak yarın,
bal başka petekleri doldurmakta devam edecek...

11

Ne nurdan
        ne çamurdan,
sevgilim, kedisi ve kedinin boynundaki boncuk
yuğrumlanndaki farkla hepsi aynı hamurdan...

10

Die Wabe ist voll Honig,
das heißt, voll Sonne sind deine Augen...
deine Augen, mein Liebling, deine Augen werden morgen Erde sein,
und der Honig wird weiter die anderen Waben füllen...

11

Weder aus Licht
        noch aus Lehm,
mein Liebling, sind die Katze und die Glasperle an ihrem Hals,
bis auf die unterschiedliche Knetweise sind alle aus demselben Teig...

12

Lahana, otomobil, veba mikrobu ve yıldız
hep hısım akrabayız.
Ve ey güneş gözlü sevgilim, »Cogito, ergo sum« değil
bu haşmetli ailede vanz da düşünebilmekteyiz...

13

Aramızda sadece bir derece farkı var,
işte böyle kanaryam,
sen kanadan olan, düşünemeyen kuşsun,
ben elleri olan, düşünebilen adam...

12

Weißkraut, Auto, Pestmikrobe und Stern,
wir alle sind von derselben Sippe.
O mein sonnenäugiger Liebling, nicht »cogito, ergo sum«,
sondern weil wir in dieser stattlichen Familie existieren, können wir
[denken...

13

Zwischen uns gibt es nur einen Unterscheid von Bedeutung,
ja, so ist es, mein Kanarienvogel,
du bist ein Vogel, der Flügel hat und nicht denken kann,
ich bin ein Mann, der Hände besitzt und denken kann.

14

»Şarapla doldur tasını, tasın toprakla dolmadan«, dedi Hayyam.
Baktı ona gül bahçesinin yanından geçen uzun burunlu, yırtık pabuçlu
»Ben, bu nimetleri yıldızlarından çok olan dünyada açım«, dedi, [adam:
»şaraba değil, ekmek almaya bile yetmiyor param...«

15

Ölümü, ömrün kısalığım tadı bir kederle düşünerek
şarap içmek lâle bahçesinde, ayın altında...
Bu tatlı keder doğduk doğalı nasibolmadı bize:
bir kenar mahallede, simsiyah bir evde, zemin katında...

14

»Bevor sich deine Schale mit Erde füllt«, sagte Hayyam, »füll' sie
[mit Wein.«
Der Mann mit der langen Nase und den zerrissenen Schuhn sah ihn an,
[am Rosengarten enteilend querfeldein:
»Ich bin hungrig auf dieser Welt«, sagte er, »deren Gaben so viel
[zahlreicher sind als Sterne.
Mein Geld reicht nicht einmal für Brot, geschweige denn für Wein.«

15

In einer süßen Trübsal an den Tod, die Kürze des Lebens denkend,
Wein zu trinken in einem Tulpengarten unter dem Mond...
Diese süße Trübsal wurde uns seit der Geburt nicht zuteil:
in einem Armenviertel, einem rußgeschwärzten Haus im Parterre...

16

Ömür gelip geçiyor, vakti ganimet bil uyanılmaz uykulara varmadan:
yâkut şarabı billur kadehe doldur, seher vaktidir ey delikanlı uyan...
Perdesiz, buz gibi odasında uyandı delikanlı,
gecikmeyi affetmeyen fabrikanın canavar düdüğüydü uğuldayan...

17

Geçmiş günün hasretim çekmem
– yalnız bir yaz gecesi bir yana –
ve gözümün son mavi pırıltısı bile
gelecek günün müjdesini verecek sana...

16

Das Leben fließt dahin, ergreife die Zeit als Gelegenheit, ehe man
[im Schlaf versinkt, aus dem man nicht mehr erwacht:
fülle den Rubinwein in das Kristall, der Morgen dämmert, Junge, erwach...
In seinem eiskalten Zimmer ohne Vorhang wachte er auf,
die Fabriksirene heulte, verzieh nicht die Verspätung unbedacht...

17

Ich sehne mich nicht nach einem vergangenen Tag
– wenn man eine Sommernacht einmal ausnimmt –
und schon das letzte blaue Glänzen meiner Augen
wird dir die frohe Botschaft des folgenden Tags überbringen...

18

Ben, bir insan,
ben, Türk şairi Nâzım Hikmet ben,
tepeden tırnağa iman,
tepeden tırnağa kavga ve ümitten ibâret ben...

19

Ben, spiker, konuştum,
sesim bir tohum gibi ağır ve çıplak:
»Kalbimin saat ayarını veriyorum,
  gonga tam şafak vakti vurulacak.«

18

Ich, ein Mensch,
ich, der türkische Dichter Nâzım Hikmet,
ich bestehe vom Scheitel bis zur Sohle aus Überzeugung,
vom Scheitel bis zur Sohle aus Kampf und Hoffnung...

19

Ich, der Ansager, sprach,
meine Stimme ist schwer und nackt wie ein Samenkorn:
»Ich mache die Zeitansage meines Herzens,
    der Gong wird genau zur Dämmerung ertönen.«

20

İnsan
ya hayrandır sana, ya düşman.
Ya hiç yokmuşsun gibi unutulursun
ya da dakka bile çıkmazsın akıldan...

21

Çürüksüz ve cam gibi berrak bir kış günü
sımsıkı etini dişlemek sıhhatli, beyaz bir elmanın.
Ey beni sevgilim, karlı bir çam ormanında nefes almanın
bahtiyarlığına benzer seni sevmek.

20

Der Mensch
bewundert dich entweder oder ist dir feindlich gesinnt.
Entweder wirst du vergessen, als existiertest du nicht
oder du gehst einem nicht aus dem Sinn, keine Minute lang...

21

An einem unverfaulten, glasklaren Wintertag
in das feste Fleisch eines gesunden, weißen Apfels zu beißen.
O mein Liebling, dich zu lieben, gleicht dem Glück,
in einem verschneiten Kiefernwald zu atmen.

22

Kim bilir belki bu kadar sevmezdik birbirimizi
uzaktan seyredemeseydik ruhunu birbirimizin.
Kim bilir felek ayırmasaydı bizi birbirimizden
belki bu kadar yakın olmazdık birbirimize...

23

Gün iyiden iyiye ışıdı artık,
tortusu dibe çöken bir su gibi duruldu, berraklaştı ortalık.
Sevgilim, sanki seninle yüz yüze geldim birdenbire:
aydınlık, alabildiğine aydınlık...

22

Wer weiß vielleicht würden wir uns nicht so sehr lieben,
wenn wir unsere Seele nicht aus der Ferne betrachten müßten.
Wer weiß, vielleicht wären wir einander nicht so nah,
wenn uns das Schicksal nicht getrennt hätte...

23

Der Tag zog nun vollends herauf,
die Lage klärte sich, wie Wasser, dessen Sediment sich setzt, wurde
[durchsichtig.
Mein Liebling, als stünde ich auf einmal dir gegenüber von Angesicht
[zu Angesicht:
Helle, überall Helle...

24

Osmanlıların en usta şairi Yahya Kemal gelir aklıma:
bir camekânda şişman ve mustarip görürüm onu.
Ve her nedense birdenbire hatırlarım:
Yunan dağlarında ölen topal Bayron'u.

25

Sevdiğin müddetçe
ve sevebildiğin kadar,
sevdiğine her şeyini verdiğin müddetçe
ve verebildiğin kadar gençsin.

24

Der Meisterdichter der Osmanen Yahya Kemal kommt mir in den Sinn:
ich sehe ihn in einem Schaufenster, dick und leidend.
Und ohne Grund fällt mir mit einem Mal
der hinkende Byron ein, der auf den griechischen Bergen starb.

25

Solange du liebst,
wie du lieben kannst,
solange du deinem Liebsten alles gibst,
was du geben kannst, bist du jung.

26

Yani övünmek gibi olmasın ama,
ben bir çırpıda bir kurşun gibi delip geçtim on yılım esirliğimin;
Ve karaciğer sancısını bırakırsak bir tarafa,
gönül yine o gönül, kafa yine o kafa.

27

Annelerin ninnilerinden spikerin okuduğu habere kadar,
yürekte, kitapta ve sokakte yenebilmek yalanı,
anlamak sevgilim, o, bir müthiş bahtiyarlık,
anlamak gideni ve gelmekte olanı.

26

Ich möchte mich zwar nicht selbst loben,
doch, wie wenn man flugs eine Kugel durchstößt, brachte ich die zehn
[Jahre meiner Gefangenschaft hinter mich.
Und wenn wir die Leberschmerzen einmal beiseitelassen,
so ist doch das Herz immer dasselbe Herz, der Kopf immer derselbe.

27

Von den Wiegenliedern der Mütter bis zu den Nachrichten, die der
[Ansager liest,
die Lüge im Herzen, im Buch und auf der Straße zu besiegen,
zu begreifen, mein Liebling, ist ein wunderbares Glück,
zu begreifen, was kommt und was geht.

28

Yüklü yemiş dallarıdır kollarımız,
silkeler durur düşman, silkeler durur bizi.
Ve yemişimizi daha rahat, daha kolay toplamak için
vurur pırangayı ayağımıza değil, vurur pırangayı kafamızın içine.

29

Bu işte insafsız olmalı, birazcık da kibirli,
ne kahır, ne keder, ne zulüm
seni ancak ölüm
teslim alabilmeli.

28

Äste voller Früchte sind unsere Arme,
der Feind schüttelt uns, schüttelt uns unablässig.
Und um unsere Früchte noch bequemer, noch leichter pflücken zu können,
legt er die Ketten nicht um unsere Füße sondern um unseren Kopf.

29

In dieser Sache muß man unerbittlich und auch ein wenig hochmütig sein,
weder Zwang noch Kummer, auch nicht die Tyrannei,
nur der Tod darf dich
            zur Kapitulation zwingen.

30

Biz bir inatçı bahçıvanız,
siz, bizim, yedi yılda bir açan gülümüzsünüz.
Erişilmez oluşunuz yıldırmıyor bizi,
belki bilhassa bundan dolayı makbulümüzsünüz.

31

Naletleme

Telgırafin tellerinde serçeler
telgıraftan habersiz biçâreler
bakarkör ettiniz milletimi
yağlı urganlara gelesiceler.

30

Wir sind eigensinnige Gärtner,
ihr seid unsere Rose, die alle sieben Jahre blüht.
Daß ihr unerreichbar seid, schreckt uns nicht,
vielleicht seid ihr ja deshalb bei uns besonders beliebt.

31

Verwünschung

Die Spatzen auf den Telegraphendrähten
keine Ahnung haben sie von den Telegraphen,
ihr habt mein Volk starblind gemacht,
mögt ihr doch am Galgen enden.

32

Kelâm

Boşlukta çürür kelam
topraktan gelmemişse
toprağa dalmamışsa
kökünü salmamışsa.

33

Lakırdı

Kabristan ölüyle dolu
kadeh rakıyla
»Biz de doluyuz« derler,
beş doludurlar
ağızlarına kadar lakırdıyla.

32

Der Spruch

Im Leeren würde der Spruch verwesen
        wenn er nicht aus der Erde käme,
        nicht in die Erde eintauchte,
        nicht seine Wurzel hinabtriebe.

33

Geschwätz

Der Friedhof voll von Toten,
das Glas voll Rakı,
»Auch wir sind voll«, sagen sie,
natürlich sind sie voll,
bis zum Mund voll von Geschwätz.

* * *

Çömeldim bakıyorum toprağa
otlara bakıyorum
böceklere bakıyorum
mavi mavi çiçek açmış dallara bakıyorum
sen bahar toprağı gibisin sevgilim
sana bakıyorum.

Sırtüstü uzandım görüyorum gökyüzünü
ağacın dallarım görüyorum
uçan leylekleri görüyorum
göz açık rüya görüyorum
sen bahar mevsiminin gökyüzü gibisin
seni görüyorum.

Gece kırda ateş yaktım ateşe dokunuyorum
suya dokunuyorum
kumaşa dokunuyorum
gümüşe dokunuyorum
sen yıldızların altında yakılan ateş gibisin
sana dokunuyorum.

İnsanların içindeyim seviyorum insanları
hareketi seviyorum
düşünceyi seviyorum
kavgamı seviyorum
sen bahar içinde bir insansın sevgilim
seni seviyorum.

1947

***

Ich kauere mich nieder und betrachte nun die Erde
betrachte die Gräser
die Käfer
betrachte den tiefblau blühenden Zweig
du bist wie die Frühlingserde mein Liebling
ich betrachte dich.

Ich lege mich auf den Rücken und sehe den Himmel
sehe die Zweige des Baumes
die fliegenden Störche
sehe einen Traum mit offenen Augen
du bist wie der Frühlingshimmel
ich sehe dich.

Ich mache nachts Feuer auf der Wiese berühre die Flammen
berühre das Wasser
den Stoff
berühre das Silber
du bist wie das Feuer das man unter den Sternen entfacht
ich berühre dich.

Ich bin mitten unter Menschen ich liebe sie
liebe die Bewegung
den Gedanken
liebe meinen Kampf
du bist im Frühling ein Mensch mein Liebling
ich liebe dich.

1947

Yumdum Gözlerimi

Yumdum gözlerimi:
karanlıkta sen varsın,
karanlıkta sırtüstü yatıyorsun,
karanlıkta bir altın üçgendir alnın ve bileklerin

Yumulu gözkapaklarımın içindesin sevdiceğim
yumulu gözkapaklarımın içinde şarkılar.
Şimdi orda her şey seninle başlıyor.
Şimdi orda hiçbir şey yok senden önceme ait
ve sana ait olmayan.

1947

Ich schließe die Augen

Ich schließe die Augen:
du bist bei mir in der Dunkelheit
liegst auf dem Rücken,
im Dunkel bilden deine Stirn, deine Handgelenke ein goldenes Dreieck

In meinen geschlossenen Lidern bist du, meine Liebe,
in meinen geschlossenen Lidern sind Melodien.
Das Leben mit dir hat jetzt dort begonnen.
Nichts ist mehr da aus der Zeit vor dir,
                    was nicht auch dein ist.

1947

Yatar Bursa Kalesinde

Sevdalınız komünisttir
on yıldan beri hapistir,
yatar Bursa kalesinde.

Hapis ammâ, zincirini kırmış yatar,
en ala bir mertebeye ermiş yatar,
yatar Bursa kalesinde.

Memleket toprağındadır kökü,
Bedreddin gibi taşır yükü,
yatar Bursa kalesinde.

Türküsü tükenip bitmeden,
cennetim kaybetmeden,
yatar Bursa kalesinde.

1947

Er sitzt im Kerker zu Bursa

Dein Liebster ist ein Kommunist,
der Häftling seit zehn Jahren ist,
so sitzt er im Kerker zu Bursa.

Er ist gefangen mit gebrochenen Ketten jedoch,
einer von ganz hohem Rang,
so sitzt er im Kerker zu Bursa.

Seine Wurzel in die heimatliche Erde reicht,
wie Bedreddin trägt er seine Last ganz leicht,
so sitzt er im Kerker zu Bursa.

Sein Lied beendet er nicht,
Sein Paradies verliert er nicht,
so sitzt er im Kerker zu Bursa.

1947

Ağlamak Meselesi

Nasıl etmeli de ağlayabilmeli
farkma bile varmadan?
Nasıl etmeli de ağlayabilmeli
ayıpsız
aşikâre,
yağmur misâli?

Neylersin alışkanlık
için kan ağlarken yüzün güler
dikilitaş gibi dinelirsin yine.
Yavrum, erişmek ne müşkülmüş meğer,
anneler gibi ağlamanın yiğitliğine?

1947

Über das Weinen

Was soll man tun, um, ohne es zu merken,
weinen zu können?
Was soll man tun, um weinen zu können,
anständig
offen,
wie der Regen zum Beispiel?

Was soll man tun, es ist eine Gewohnheit,
Dein Gesicht lacht, während du bitterlich weinst
und wieder dastehst wie ein Obelisk.
Mein Kind, mutig und tapfer wie die Mütter zu weinen
ist doch sehr schwer!

1947

Tahir'le Zühre Meselesi

Tahir olmak da ayıp değil Zühre olmak da
hâtta sevda yüzünden ölmek de ayıp değil,
bütün iş Tahir'le Zühre olabilmekte
yani yürekte.

Meselâ bir barikatta dövüşerek
meselâ kuzey kutbunun keşfe giderken
meselâ denerken damarlarında bir seromu
ölmek ayıp olur mu?

Tahir olmak da ayıp değil Zühre olmak da,
hattâ sevda yüzünden ölmek de ayıp değil.

Seversin dünyayı doludizgin
ama o bunun farkında değildir
ayrılmak istemezsin dünyadan
ama o senden ayrılacak
yani sen elmayı seviyorsun diye
elmanın da seni sevmesi şart mı?
Yani Tahir'i Zühre sevmeseydi artık
yahut hiç sevmeseydi
Tahir ne kaybederdi Tahirliğinden?

Tahir olmak da ayıp değil Zühre olmak da
hatta sevda yüzünden ölmek de ayıp değil.

1947

Die Sache mit Tahir und Zühre

Es ist keine Schande, Tahir zu sein oder Zühre,
Es ist nicht einmal eine Schande, aus Liebe zu sterben,
das Wichtigste ist, Tahir und Zühre zu sein,
und zwar von Herzen.

Kann es eine Schande sein zu sterben,
zum Beispiel, wenn man vor den Barrikaden kämpft,
zum Beispiel, wenn man aufbricht, den Nordpol zu erkunden,
zum Beispiel wenn man in den Adern ein Serum probiert?

Es ist keine Schande, Tahir zu sein oder Zühre,
es ist nicht einmal eine Schande, aus Liebe zu sterben.

Du liebst die Welt ohne Vorbehalt,
doch merkt sie es nicht,
du willst dich nicht trennen von dieser Welt,
doch sie wird sich trennen von dir,
das heißt, wenn du Äpfel magst,
müssen die Äpfel dann unbedingt auch dich mögen?
Was würde Tahir von seiner Eigenschaft als Tahir einbüßen,
wenn Zühre, sagen wir, Tahir nicht mehr liebte
oder nie geliebt hätte?

Es ist keine Schande, Tahir zu sein oder Zühre,
Es ist nicht einmal eine Schande, aus Liebe zu sterben.

1947

Keder

Olamadığım yerlerde olabilmenin hasreti midir
bende bu keder
bu güneşli kış günlerinde:
meselâ İstanbul'umda Köprü'nün üzerinde
meselâ, Adana'da arasında ırgatların
meselâ, Yunan dağlarında, meselâ, Çin'de
meselâ, beni artık sevmeyenin başucunda.

Yoksa, bir oyunu mu bu
karaciğerin,
yoksa, bir rüya mı düşürdü bu hale beni,
yoksa, yalnızlık yine çullandı da üstüme,
yoksa elliye dayadık da merdiveni
ondan mı?

Bende bu keder,
bende bu kederin ikinci faslı
ayaklarının ucuna basıp
geldiği gibi gider:
yeter ki, bitireyim bu yazıyı,
yahut, uykum biraz düzelsin,
yeter ki, bir mektup gelsin,
yahut, radyoda bir haber...

1947

Kummer

Vor Sehnsucht nach Orten, wo ich nicht bin
zehrt der Kummer an mir
in diesen sonnigen Wintertagen:
zum Beispiel auf der Brücke in meinem Istanbul,
zum Beispiel bei den Landarbeitern in Adana,
zum Beispiel auf den griechischen Bergen, in China zu sein
zum Beispiel bei der, die mich nicht mehr liebt.

Oder spielt mir die Leber
einen Streich,
oder hat mich ein Traum in diesen Zustand versetzt,
oder überfiel mich die Einsamkeit,
oder kommt es daher, daß ich
auf die Fünfziger zugehe?

Dieser Kummer in mir,
das zweite Kapitel dieses Kummers
schleicht sich, so wie es gekommen,
auf Zehenspitzen davon:
vorausgesetzt, ich beende diesen Text
oder mein Schlaf bessert sich etwas
oder ein Brief kommt
oder eine Nachricht im Radio...

1947

Aşı

1

Tarla hazırdı
koyu esmer eti anadan doğma çırılçıplak
tarla hazırdı
şişkin ıslak dudaklarını açmıştı yarı yarıya
uzun sürmedi bekleyiş
sabah aydınlığında canlı küçük kurtlar gibi yukardan saçılıp aktı tohum,
hazla ürperdi toprak
içine çekti akanı
        açılıp kapanarak
            açılıp kapanarak
sonra da mahmur
        bir kat daha güzel
            terli kabarık
                gerindi
»ben ölümden kuvvetliyim« diyebilirdi
                gebeydi artık.

Die Impfung

1

Das Feld lag bereit
ihr dunkles Fleisch war nackt splitternackt
Das Feld lag bereit
die vollen nassen Lippen hatten sich halb geöffnet
lange dauerte es nicht
und im Morgenlicht ergoß sich der Samen winzigen quirligen Würmern [gleich
vor Lust erschauerte die Erde
sog das Fließende in sich hinein
        öffnete und schloß sich
            öffnete und schloß sich
reckte sich
        trunken
            noch einmal so schön
                in Schweiß gebadet mit schwellendem Leib
als wollte sie sagen »ich bin stärker als der Tod«
                    denn sie war nun schwanger.

2

Arılar firladı güneşe doğru
en önde kızoğlankız yeni beyarı
nazlı bir vızıltıdır zar gibi ince şeffaf kanatları
beli koptu kopacak
altın tüylü süzme karnında da üç kızıl kuşak
yetişip önledi onu erkeklerin en güçlüsü
sonra yukarda boşlukta güneşin orda
            dikenli incecik bacaklar karıştı birbirine
bir saniye sürdü aşı
silkinip kurtuldu dişi
düştü erkek
        içinden kopan etleriyle toprağa.

3

Odalarının penceresi ormana açık
ağır yaz bulutlarının altında orman
bir yumurtalık gibi de nemli ılık
erkeğin yüzünde aşağıdan
            kadının gözlerinden vuran ışık.
ormanın üstüne yağmur boşandı ansızın
yeşil elâ gözlerim yumdu kadın
yan açık ağzında ıslak dişleri berrak duru
içinde taa yüreğinin kökünde sıcak sıcak duydu yağmuru.

2

Die Bienen schwärmen der Sonne entgegen
an der Spitze die jungfräuliche neue Königin
Ein zartes Summen durchsichtige Flügel
eine fast zugeschnürte Taille
und der goldhaarige Leib mit drei roten Streifen verziert
die stärkste der Drohne holte sie ein
dann hoch oben in den Lüften in der glühenden Sonne
               verfingen die dünnen stachelbewehrten Beinchen sich
eine Sekunde dauerte die Impfung
die Königin schüttelte und befreite sich
und die Drohne
           zerschellte am Boden.

3

Ihre Fenster auf den Wald hinaus standen offen
unter drückenden Sommerwolken lag der Wald
wie ein Eierstock feucht und warm
Licht fällt auf das Gesicht des Mannes
               von unten aus den Augen der Frau
mit einem Mal prasselte Regen auf den Wald herab
die Frau schloß die gelbgrünen Augen
aus ihrem halboffenen Mund schimmerten die Zähne weiß
bis zum Grund ihres Herzens spürte sie in sich den Regen ganz heiß.

4

Atan bir damar gibi akıyor nehir
acı yemişleri dikenli dallarıyla duruyor ağaç
duruyor kıraç yabani
güneşte bir şarkı gibi parladı balta
kesildi ağacın gövdesi orta yerinden
ihtiyardı esmerdi ıslaktı makta
kanayacaktı da adeta
aşı bıçağıyla açıldı yarık
sokuldu ucu kalemin
bu kesik
bu yabani gövdede müjdesi vardı artık
dikensiz dalları
ince kabuklu tatlı yemişleri
geniş yapraklarıyla gelecek olan
yepyeni bir âlemin.

1948

4

Der Fluß strömt dahin einer pulsierenden Ader gleich
unfruchtbar wild mit bitteren Früchten und dornigen Zweigen
steht der Baum
die Axt blitzt wie ein Lied in der Sonne
Der Stamm des Baumes wurde mitten entzweigesägt
Der Schnitt war alt braun und naß
hätte fast zu bluten begonnen
man öffnete einen Spalt mit dem Propfmesser
drückte den Propfreis hinein
dieser durchsägte
dieser wilde Stamm hatte nun eine Botschaft übernommen
die Botschaft einer ganz neuen Welt
die mit ihren glatten Zweigen
den süßen feinschaligen Früchten
ihren breiten Blättern bald kommen wird.

1948

* * *

Ardsız arasız işliyor kafam
ardsız arasız yaratıyor sizi
ve ben dokunmayan ellerimle giydiriyorum
çıplak beyazlığınıza yeşil entarinizi.

Bursa 1948

* * *

Unablässig arbeitet mein Kopf
Unablässig bringt er Sie hervor
und mit Händen die nicht berühren ziehe ich Ihnen
Ihr grünes Kleid über Ihre weiße Nacktheit.

Bursa, 1948

Güz

Günler gitgide kısalıyor,
yağmurlar başlamak üzre.
Kapım ardına kadar açık bekledi seni.
Niye böyle geç kaldın?

Soframda yeşil biber, tuz, ekmek,
Teslimde sana sakladığım şarabı
içtim yarıya kadar bir başıma
seni bekleyerek.
Niye böyle geç kaldın?

6.10.1948

Herbst

Die Tage werden allmählich kürzer,
der Regen wird bald einsetzen.
Meine Tür, sperrangelweit offen, wartete auf dich.
Warum bist du so spät gekommen?

Auf meinem Tisch Pepperoni, Salz und Brot.
Den Wein, den ich in meinem Krug für dich aufhob,
trank ich bis zur Hälfte allein,
während ich auf dich wartete.
Warum bist du so spät gekommen?

6.10.1948

Meşgale

Öküzlerimizin boynuzlarında aydınlanırken ortalık
toprağı sürüyorum sabırlı bir kibirle,
çıplak ayaklarımda toprak nemli ve ılık.

Pazılanmda pırıltılar,
demir dövüyorum öğleye kadar,
kırmızıya boyanıyor karanlık.

Yapraklannda yeşilin en güzeli,
zeytin devşiriyorum ikindi sıcağında,
üstüm başım, yüzüm gözüm ışık.

Her akşam mutlaka misafirim var,
kapım bütün türkülere
alabildiğine açık.

Geceleyin suya dizboyu girip
çekiyorum denizden ağlan:
yıldızlarla balıklar karmakarışık.

Benden sorulur oldu
dünyanın hâli artık:
İnsan ve toprak,
karanlık ve aydınlık.

Anladın ya, işim basımdan aşkın,
beni lâfa tutma, gülüm,
ben sana âşık olmakla meşgulüm.

1948

Die Beschäftigung

Wenn der Tag auf den Hörnern unsrer Ochsen anbricht,
pflüge ich mit geduldigem Stolz den Boden,
die Erde unter meinen bloßen Füßen ist feucht und warm.

Auf meinen Oberarmen sprühen Funken,
ich hämmere Eisen bis zum Mittag,
das Dunkel färbt sich rot.

Auf den Blättern liegt das schönste Grün,
ich pflücke Oliven in der Nachmittagshitze
über meinen ganzen Körper, mein Gesicht flutet Licht.

Jeden Abend habe ich natürlich Besuch,
für alle Lieder steht meine Tür offen,
sperrangelweit offen.

Nachts gehe ich ins Wasser bis zu den Knien,
ziehe die Netze aus dem Meer,
ein wirres Knäuel von Sternen und Fischen.

Mich fragt man nunmehr
nach dem Zustand der Welt:
nach Mensch und Erde,
Finsternis und Helle.

Du verstehst sicher, ich habe viel zu tun,
halte mich nicht durch ein Geplauder auf, meine Rose,
ich bin damit beschäftigt, mich in dich zu verlieben.

1948

Korku

Bize türkülerimizi söyletmiyorlar Robson
inci dişli zenci kardeşim
kartal kanatlı kanaryam
türkülerimizi söyletmiyorlar bize.
Korkuyorlar Robson
şafaktan korkuyorlar,
görmekten, duymaktan, dokunmaktan korkuyorlar.
Yağmurda çırçıplak yıkanır gibi ağlamaktan,
sımsıkı bir ayvayı dişler gibi gülmekten korkuyorlar.
Sevmekten korkuyorlar, bizim Ferhad gibi sevmekten
(Sizin de bir Ferhad'ınız vardır, elbet Robson, adı ne?
Tohumdan ve topraktan korkuyorlar,
akan sudan ve hatırlamaktan korkuyorlar.
Ne iskonto, ne komisyon, ne vâde isteyen bir dost eli
sıcak bir kuş gibi gelip konmamış ki avuçlarının içine.
Ümitten korkuyorlar Robson, ümitten korkuyorlar, ümitten.
Korkuyorlar kartal kanatlı kanaryam
türkülerimizden korkuyorlar.

Ekim 1949

Die Angst

Sie lassen uns unsre Lieder nicht singen, Robeson.
mein schwarzer Bruder mit den Perlmuttzähnen,
mein Kanarienvogel mit den Adlerflügeln,
sie lassen uns unsre Lieder nicht singen.
Sie fürchten sich, Robeson,
fürchten sich vor der Morgendämmerung,
fürchten sich vor dem Sehen, dem Hören, jeder Berührung.
Vor dem Weinen, als bade man nackt und bloß im Regen, fürchten sie sich.
vor dem Lachen, als würde man in eine harte Quitte beißen,
Vor der Liebe fürchten sie sich, davor, wie unser Ferhad liebt
(sicher habt ihr auch einen Ferhad, Robeson, wie heißt er?)
Vor dem Samenkorn, der Erde fürchten sie sich,
vor dem fließenden Wasser und der Erinnerung.
Eine Freundeshand, die weder Skonto noch Provision noch eine Frist
drückten sie nie wie einen warmen Vogel. [verlangt,
Vor der Hoffnung fürchten sie sich, Robeson, vor der Hoffnung, sie
[fürchten sich vor der Hoffnung.
Sie fürchten sich, mein Kanarienvogel mit den Adlerflügeln,
fürchten sich vor unsren Liedern.

Oktober 1949

* * *

Sevgilim
yalan söylersem sana
          kopsun
ve mahrum kalsın dilim:
                    »Seni seviyorum« demek bahtiyarlığından.

Sevgilim
yalan yazarsam sana
                    kurusun
ve mahrum kalsın elim
                    okşayabilmek saadetinden seni.

Sevgilim
yalan söylerse sana gözlerim
iki nâdim gözyaşı gibi avuçlarıma akşınlar
                    ve görmesinler seni bir daha...

1949

***

Mein Liebling,
wenn ich dich belüge,
so soll mir die Zunge brechen,
und es soll ihr das Glück versagt bleiben
zu sagen »ich liebe dich«.

Mein Liebling,
wenn ich dir Lügen schreibe,
so soll mir die Hand verfaulen,
und es soll ihr die Freude versagt bleiben,
dich zu streicheln.

Mein Liebling,
wenn dich meine Augen belügen,
so sollen sie wie zwei reumütige Tränen mir in die Hände fallen
und dich nie mehr sehen...

1949

Yine Sana Dair

Sende, ben, kutba giden bir geminin sergüzeştini,
sende, ben, kumarbaz macerasını keşiflerin,
sende, uzaklığı,
sende, ben, imkânsızlığı seviyorum.

Güneşli bir ormana dalar gibi dalmak gözlerine
ve kan ter içinde, aç ve öfkeli
ve bir avcı iştihasıyla etini dişlemek senin.

Sende, ben, imkânsızlığı seviyorum,
fakat asla umutsuzluğu değil.

1949

Wieder über dich

Ich liebe in dir das Abenteuer eines Schiffes, das zum Pol aufbricht,
Ich liebe in dir das Wagnis der Entdeckungen, das dem Glücksspiel [gleicht,
Ich liebe in dir die Ferne,
Ich liebe in dir die Ausweglosigkeit.

Ich versinke in deinen Augen wie in einem sonnigen Wald
und beiße blutüberströmt, hungrig und zornig
in dein Fleisch mit dem Appetit eines Jägers.

Ich liebe in dir die Ausweglosigkeit,
doch auch die niemals verlorene Hoffnung.

1949

Münevver'in Doğum Günü

Yapraklara, dallara, yeşillere, allara,
nice nice yıllara gülüm, nice nice yıllara.
Yaprak dala, al yeşile yaraşır,
gayrı bundan böyle vermem seni ellere...

12.2.1950

Münevvers Geburtstag

Auf alles Grüne, Rote, die Zweige und Blätter,
auf weitere Jahre, meine Rose, weitere Jahre wie bisher.
Das Blatt paßt gut zum Zweig, das Rote zum Grünen,
von nun an überlasse ich dich den Fremden nicht mehr...

12.2.1950

* * *

Karıcığım,
Hasretliğin on ikinci yılı bu
on ikinci yılı
Gönül ağzına kadar dolu
Sen diyorum İstanbul geliyor aklıma
İstanbul diyorum sen
Sen şehrim kadar güzelsin
şehrim kadar acılı.

1950

***

Meine Frau,
    Dies ist das zwölfte Jahr der Sehnsucht
        das zwölfte Jahr
    Mein Herz ist übervoll
    Spreche ich von dir kommt mir Istanbul in den Sinn
            spreche ich von Istanbul denke ich an dich
    Du bist ebenso schön wie meine Stadt
            und ebenso traurig wie sie.

1950

* * *

Hapislerde geçen 13 sene arkamda
        önümde daha 17 yıl,
bu bayrak dalgalanır kafamda –
                kan gibi kızıl.
Bir kadın severim –
                süt gibi beyaz,
bir türkü söylerim
                – bütün türkülerden umutlu.
Türkümde sevinci, kederi, zaferi insanlarımın
ve avucumda, kadınımın elime dokunmayan eli.

1950

***

Hinter mir liegen 13 Jahre Gefängnis,
vor mir noch 17,
eine Fahne flattert über mir –
blutrot.
Eine Frau liebe ich –
weiß wie Milch,
ein Lied singe ich –
hoffnungsvoller als alle andern.
In meinem Lied die Freude, die Trauer, der Sieg meiner Menschen,
und in meiner Hand die Hand meiner Frau, die mich nicht berühren
[kann.

1950

İstanbul'dan Mektup

Canım,
uzandığım yerde yazıyorum,
yorgunum pek,
aynada yüzümü gördüm, âdeta yeşil.
Havalar soğuk, yaz gelmeyecek.
Haftada otuz liralık odun lâzım,
                    başa çıkılır gibi değil.
Demin, sofrada iş görürken
battaniyemi aldım sırtıma.
Camlar, çerçeveler kırık,
kapılar kapanmıyor,
burda barınmamız imkânsız artık,
                taşınmalı,
ev yıkılacak üstümüze.
Kiralarsa dehşetli pahalı.
Sana bunları ne diye anlatırım?
Üzüleceksin.
Derdimi kime dökeyim?
Kusura bakma.
bınsa, iyice ısınsa ortalık ama,
                hele geceler.
Bıktım usandım üşümekten.
Rüyalarımda Afrika'ya gidiyorum.
Cezayir'deyim bir sefer.
Sıcaktı.
Alnımı bir kurşun deldi.
Bütün kanım aktı,
                ama ölmedim.

Brief aus Istanbul

Mein Lieber,
ich schreibe, wo ich gerade liege,
bin ziemlich müd,
betrachte im Spiegel mein Gesicht, beinahe grün.
Es ist kalt, der Sommer will nicht kommen.
In der Woche brauchen wir Holz, kostet dreißig Lira,
was soll man da tun.
Als ich vorhin am Tisch arbeitete,
mußte ich mir eine Steppdecke über die Schulter legen.
Die Fensterscheiben und -rahmen sind zerbrochen,
die Türen schließen nicht mehr,
hier zu wohnen, ist nicht mehr möglich,
wir müssen ausziehen,
das Haus wird sonst über uns zusammenbrechen.
Und die Miete, sie ist ungeheuer teuer.
Warum erzähl ich dir das alles?
Du wirst nur traurig werden.
Aber wem soll ich mein Herz ausschütten?
Verzeih!
wenn es doch warm werden wollte, schön warm,
besonders nachts.
Ich bin das Frieren leid.
In meinen Träumen reise ich nach Afrika.
Einmal war ich in Algerien. Es war warm.
Eine Kugel hatte meine Stirn durchbohrt.
Mein Blut strömte,
aber ich war nicht tot.

Bana bir hal geldi,
çok ihtiyarladığımı hissediyorum,
– Halbuki biliyorsun
                    henüz kırkıma basmadım –
çok ihtiyarladığımı hissediyorum,
söylüyorum da,
söyleyince de kızıyorlar,
                    konferans dinliyorum herkesten.
Her neyse bu bahsi kapat.
Filme alınmış Çehofun »Ağustosböceği«.
Paris'te de göstermişler. Beğenilmiş.
O zavallı hoppa kadında mı bütün kabahat?
Ben doktoru hem severim,
                    hem de affetmem eşeği.
Eninde sonunda kim daha bedbaht?
                    Kim kimin yüzünden?

Paraguvay halk türkülerim çaldı radyo.
Bunlar, dikenli bir yaprağin üzerine
aşkla, güneşle, insan teriyle yazılmış,
acı da, umutlu da.
Bayıldım Paraguvay türkülerine.
Adviye'den mektup aldım,
beni çok göresi gelmiş,
beni hiç unutamıyormuş...
Şaştım da kaldım.
Yıllardır, sen memleketten kaçıp gittin gideli,
ne kapımı çaldı,
                    ne de bir haber yolladı hattâ,
hattâ sokakta karşılaştık,
bir bayram sabahı,
başını çevirip geçti.

Ich habe ein neues Gefühl jetzt,
ich fühle, dass ich alt, sehr alt geworden bin
– dabei weißt du,
daß ich noch nicht einmal vierzig bin –
Ich fühle mich sehr alt,
und das sage ich auch,
doch die Leute beschimpfen mich dann,
halten mir einen Vortrag.
Na gut, lassen wir das.
Tschechows »Die Grille« hat man verfilmt.
Man zeigte sie in Paris. Sie kam gut an.
Liegt nun die ganze Schuld bei dieser armen leichtfertigen Frau?
Ich mag zwar den Arzt,
verzeihe aber diesem Esel nicht.
Wer ist am Ende eigentlich am unglücklichsten?
Wer und durch wessen Schuld?

Im Radio spielten sie Volkslieder aus Paraguay.
Man schrieb mit Liebe, mit Sonne, mit Menschenschweiß
auf ein dorniges Blatt Papier,
sie sind voll Schmerz und voll Hoffnung.
Ich war ganz hingerissen.
Adviye hat mir einen Brief geschrieben,
sie hätte große Sehnsucht nach mir,
könne mich gar nicht vergessen...
Ich staunte nur so.
Seit Jahren, seit du aus der Heimat geflüchtet und gegangen bist,
hat sie weder an meine Tür geklopft
noch mir eine Nachricht geschickt,
wir trafen uns sogar einmal auf der Straße,
an einem Feiertag morgens,
sie sah sich um und ging weiter.

En yakın arkadaşlık.
Ama, arkadaşlık ağaca benzer
kurudu mu
yeşermez artık.
Ben cevap yazmadım.
Neye yarar?
Evime bile gelse şimdi,
söyleyecek lakırdım yok.
Düşmanlığım da yok elbet.
Otursun güle güle,
zengin bir koca bulmuş.
Hastalıklı bir şeymiş adam,
manyağın biri.
Halbuki Adviye ne canlı kadındır.

Gidip baktım oğlumuza,
pembe, kumral, uyuyor mışıl mışıl.
Yorganı açılmış. Örttüm.

Bir kara haber de verdi bu akşam radyo:
iren Jolio Küri ölmüş.
Daha gençti.
Yıllar var
bir kitap okudumdu
ölenin anası üstüne yazılmış.
Bir yerinde iki kız çocuğundan bahseder,
– satırlar gözümün önüne geldi –
sansın iki Yunan heykeli gibi, der.
Işte bu çocuklardan biri öldü.

Wir waren die engsten Freundinnen.
Doch Freundschaft gleicht einem Baum,
einmal verdorrt,
will er nicht mehr grünen.
Ich antwortete ihr nicht.
Was nützt das auch?
Selbst wenn sie jetzt zu mir nach Hause käme,
so hätte ich ihr kein Wort zu sagen.
Natürlich bin ich ihr nicht feindlich gesinnt.
Möge sie zufrieden sein,
sie hat einen reichen Mann gefunden.
Er soll krank sein
und etwas wunderlich,
Adviye dagegen ist eine Frau voller Leben.

Ich ging um nach unserem Sohn zu sehen,
rosig und brünett liegt er im tiefsten Schlaf.
Er hatte sich aufgestrampelt. Ich deckte ihn wieder zu.

Im Radio kam heute abend auch eine schlechte Nachricht:
Irène Joliot Curie ist tot.
Dabei war sie noch jung.
Vor Jahren
las ich ein Buch,
ein Buch über die Mutter der Toten.
Irgendwo darin ist von zwei Mädchen die Rede
– die Zeilen kamen mir ins Gedächtnis –
die man mit zwei blonden griechischen Statuen verglich.
Und nun ist eines der Kinder tot.

Bilmem ki nasıl anlatsam,
büyük bilgin, büyük adam,
ama şimdi lösemiden ölen
o sarışın kızçocuğu da.
Bu ölüm bana çok dokundu.
Iren Jolio Küri için
        ağladım bu akşam.
Ne tuhaf.
    Iren, deselerdi, Iren,
        öldüğün zaman,
            deselerdi,
İstanbullu bir kadın,
hem de hiç tanımadığın,ağlayacak arkandan,
            deselerdi,
                şaşardı.
Kocası geldi aklıma,
bir mektup yazsam,
başsağlığı dilesem
        diye düşündüm.
Adresini bilmiyorum ama.
Paris, Frederik Jolio Küri, desem,
                gider miydi?
Bir de Fransız yazan öldü,
gazetede okudum.
Adını bile duymamışındır.
Çok ihtiyardı zaten,
üstelik de egoist,
            sinik
        cenabet herifin biri.

Ich weiß nicht, wie ich es ausdrücken soll,
sie ist eine große Gelehrte, ein großer Mensch,
doch auch jenes blonde Mädchen da starb jetzt,
an Leukämie.
Ihr Tod traf mich sehr.
Wegen Irène Joliot Curie
      weinte ich heute abend.
Wie seltsam.
    Hätte man ihr gesagt, Irène, Irène,
      wenn du stirbst,
        dann
wird eine Frau in Istanbul,
die du nicht einmal kennst,
dich beweinen,
      so hätte sie sich
        gewundert.
Ich dachte an ihren Mann
und überlegte,
ob ich ihm einen Brief schreiben
und ihm mein Beileid aussprechen sollte.
Doch ich kenne seine Adresse nicht.
Würde er ankommen, wenn ich nur schriebe:
        Paris, Frédéric Joliot Curie?
Auch ein französischer Schriftsteller starb,
ich las es in der Zeitung.
Du wirst nicht einmal seinen Namen kennen.
Er war schon sehr alt, außerdem ein Egoist,
        ein zynischer,
      widerlicher Kerl.

Her şeyle alay etmiş ömrü boyunca,
hiçbir şeyi, hiç kimseyi sevmemiş,
bir köpeklerle kedileri,
ama yalnız kendininkileri.
Mülâkat vermiş ölmeden birkaç gün önce,
ölümü alaya alıyor aklınca,
ama belli dehşetli de korkuyor.
Resmi de var,
büyük annemizi erkek yap,
tepesine bir takke koy,
                    işte herif.
Korkunç bir yalnızlık içinde
                         sıska bir ihtiyar.
Ona da acıdım.
Belki büyük annemize benzediğinden,
                         belki de yalnızlığına.
Acıdım,
ama aynı acıma değil elbet,
acıyorsun iren Küri'ye,
çocuklarını düşünüyorsun, kocasını,
ama daha çok dünyaya acıyorsun
                         büyük bir insan öldü diye.

Sana bir müjdem var:
okumayı öğreniyor tembel oğlun,
epeyi söktü kerata:
tut, koş, kitap, kalem, çanta...
Mükemmel değil mi?
Her harfi bir şeye benzetiyor:
A bir evmiş,
     B göbekli bir adam,
                    T bir keser.

Zeit seines Lebens trieb er mit allem und jedem seinen Spott,
liebte nichts und niemanden,
außer Hunden und Katzen,
und auch da nur seine eigenen.
Einige Tage vor seinem Tod gab er ein Interview,
meinte, den Tod verhöhnen zu müssen,
hatte jedoch anscheinend schreckliche Angst.
Sein Photo erschien,
mach aus unserer Großmutter einen Mann,
setz ihr eine Mütze auf,
            und fertig ist der Kerl.
Ein dürrer Alter
                    in fürchterlicher Einsamkeit.
Ich hatte Mitleid auch mit ihm,
vielleicht weil er unserer Großmutter ähnelte
                    oder wegen seiner Einsamkeit.
Ich hatte Mitleid,
aber es ist natürlich nicht das gleiche,
das du für Irène Curie empfindest,
du denkst an ihre Kinder, ihren Mann,
hast noch mehr Mitleid mit der Welt,
                    weil ein großer Mensch verstarb.

Ich habe eine frohe Nachricht für dich:
dein fauler Sohn lernt lesen,
kann schon einiges entziffern, der Schlingel:
halt, lauf, das Buch, der Stift, die Mappe...
wunderbar, nicht wahr?
Jeden Buchstaben vergleicht er mit etwas:
das A ist ein Haus,
        das B ein Mann mit Bauch,
            das T ein Dechsel.

Ödüm kopuyor tembel olacak diye.
Hep ona iş yaptırmak istiyorum.
Kız olsaydı kolaydı.
Kadınların her yaşta her iş gelir elinden.
Ama beş yaşında bir oğlan
ne becerebilir?
Ah bir ısınsa havalar...
Isınacak.
Uzadıkça uzadı mektubum.
Kendine iyi bak,
bana hemen cevap ver.
Akıllıdır Münevver,
nasıl olsa ne yapıp eder,
falan filân diye kendini avutma.
Sensiz perişanım.
Beni unutma.
Kendine iyi bak.
Gözlerinden öperim canım.
Güzel geceler.
Kendine iyi bak.
Bana hemen cevap ver,
Dertlerimi aklında tutma,
unut,
beni unutma...

1956

Ich habe Todesängste, daß er faul werden könnte.
Ich möchte ihn immer zum Arbeiten anhalten.
Wäre er ein Mädchen, so wäre es leicht.
Eine Frau weiß in jedem Alter ihre Hände zu gebrauchen.
Doch was kann ein fünfjähriger Bub
zuwege bringen?
Wenn es doch endlich warm werden wollte...
Es wird schon noch warm werden, hoffentlich.
Mein Brief hat sich in die Länge gezogen.
Gib acht auf dich,
schreib mir sofort,
vergiß mich nicht!
Tröste dich nicht damit, daß Münevver klug sei,
sie schon alles irgendwie meistern werde!
Ohne dich bin ich am Boden zerstört.
Vergiß mich nicht!
Gib acht auf dich!
Ich küsse deine Augen, mein Lieber.
Gute Nacht.
Gib acht auf dich!
Antworte mir sofort,
denk nicht länger an meine Sorgen,
vergiß sie,
aber vergiß mich nicht...

1956

Rüyamda Gördüm Yâri

Rüyamda gördüm yâri
şöyle belden yukarı
bulutların arasında ay gibi gider
o gider, ben giderim
ben dururum o durur
ben ona bakarım, o bana bakar
ve işte o kadar...

1956

Ich sah die Liebste im Traum

Ich sah die Liebste im Traum
wie der Mond wandelt sie durch die Wolken
mit aufrechtem Gang
sie schreitet dahin ich folge
ich bleibe stehen sie ebenfalls
ich sehe sie an sie sieht mich an
das ist alles...

1956

Gözlerin

Gözlerin gözlerin gözlerin,
İster hapisaneme, ister hastaneme gel.
Gözlerin gözlerin gözlerin hep güneşte
şu Mayıs ayı sonlarında öyledir işte
Antalya tarafında ekinler seher vakti

Gözlerin gözlerin gözlerin
kaç defa karşımda ağladılar
                    çırılçıplak kaldı gözlerin
altı aylık çocuk gözleri gibi kocaman ve çırılçıplak,
fakat bir gün bile güneşsiz kalmadılar

Gözlerin gözlerin gözlerin
gözlerin bir mahmurlaşmaya görsün
sevinçli bahtiyar
                    alabildiğine akıllı ve mükemmel
dillere destan birşeyler olur dünyaya sevdası insanın

Gözlerin gözlerin gözlerin
Sonbaharda öyledir işte kestanelikleri Bursa'nın
ve yaz yağmurundan sonra yapraklar
ve her mevsim ve her saat İstanbul

Gözlerin gözlerin gözlerin
gün gelecek gülüm, gün gelecek
kardeş insanlar birbirine
senin gözlerinle bakacaklar gülüm
                    senin gözlerinle bakacaklar

1956

Deine Augen

Deine Augen, deine Augen, deine Augen sind da,
ob du zu mir in den Kerker kommst oder ins Krankenhaus,
deine Augen, deine Augen, deine Augen sind nun
Ende Mai stets in der Sonne,
gleichen den Weizenfeldern um Antalya im Morgenlicht.

Deine Augen, deine Augen, deine Augen,
wie oft weinten sie mir gegenüber
                    wie oft blieben sie nackt ganz oder gar
groß und nackt wie die eines Kindes von sechs Monaten,
ohne Sonne waren sie jedoch keinen einzigen Tag.

Deine Augen, deine Augen, deine Augen,
wenn sie schläfrig sind,
füllt sich die Liebe des Menschen mit Freude und Glück,
                    wird unendlich weise und vollkommen
wie die Liebe, die man allerorts in Liedern besingt.

Deine Augen, deine Augen, deine Augen,
gleichen den herbstlichen Kastanienbäumen in Bursa
und den Blättern nach einem Sommerregen
und Istanbul zu jeder Jahreszeit und jeder Stunde.

Deine Augen deine Augen, deine Augen,
der Tag, meine Rose, der Tag wird kommen,
an dem die Menschen, unsere Brüder, sich
mit deinen Augen, meine Rose, betrachten
                    sich mit deinen Augen betrachten.

1956

David Oystrah'a Mektubumdur

İstanbul'a gitmişiniz.
Konserinizdeymiş.
Çok bahtsız bir kadını bahtiyar etmişiniz.
Yağmura uzanan iki yeşil yaprak gibi gözleri
bakmış parmaklarınıza.
Mektubunda: »Unuttum herşeyi«, diyor.
Kahırlarından başka unutacak şeyi yok.
»Ağladım«, diyor, »ferahladım«.
»Dünya«, diyor, »güzel, içim rahat«.

Siz kıskandığım biricik insansınız, üstat.

I Temmuz 1957, Balçık

Brief an David Oistrach

Sie sollen in Istanbul gewesen sein.
Sie ging in Ihr Konzert.
Eine sehr unglückliche Frau sollen Sie glücklich gemacht haben.
Wie zwei Blätter, die sich dem Regen entgegenstrecken, muß sie
Ihre Finger betrachtet haben.
»Ich hab alles vergessen«, schreibt sie in ihrem Brief.
Sie hat nichts weiter zu vergessen als ihre Sorgen.
»Ich habe geweint«, schreibt sie, »fühlte mich erleichtert«.
»Die Welt ist schön«, schreibt sie, »ich fühle mich wohl«.

Sie sind der einzige Mensch, Maestro, auf den ich eifersüchtig bin.

Balçik, den 1.Juli 1957

Ceviz Ağacı

Başım köpük köpük bulut, içim dışım deniz,
ben bir ceviz ağacıyım Gülhane Parkı'nda,
budak budak, şerham şerham ihtiyar bir ceviz...
Ne sen bunun farkuldasın, ne polis farkında.

Ben bir ceviz ağacıyım Gülhane Parkı'nda.
Yapraklarım suda balık gibi kıvıl kıvıl.
Yapraklarım ipek mendil gibi tiril tiril,
koparıver, gözlerinin, gülüm, yaşım sil.
Yapraklarım ellerimdir, tam yüz bin elim var.
Yüz bin elle dokunurum sana, İstanbul'a.
Yapraklarım gözleniridir, şaşarak bakarım.
Yüz bin gözle seyrederim seni, İstanbul'u.
Yüz bin yürek gibi çarpar, çarpar yapraklarım.

Ben bir ceviz ağacıyım Gülhane Parkı'nda.
Ne sen bunun farkındasın, ne polis farkında.

Balçık, 1957, I Temmuz

Der Walnußbaum

Eine schaumige Wolke ist mein Kopf, mein Inneres und Äußeres ein
ich bin ein Walnußbaum im Gülhane-Park, [Meer,
ein alter Nußbaum, knorrig und rauh...
Doch du und der Polizist, ihr merkt das nicht.

Ich bin ein Nußbaum im Gülhane-Park.
Meine Blätter winden sich wie Fische im Wasser,
flattern wie seidene Taschentücher,
reiß eines ab, meine Rose, und trockne dir die Tränen im Auge.
Meine Blätter sind Hände, genau hunderttausend hab ich.
Dich und Istanbul fasse ich mit hunderttausend Händen an.
Meine Blätter sind Augen, staunend blicke ich um mich.
Dich und Istanbul betrachte ich mit hunderttausend Augen.
In meinen Blättern schlägt der Puls von hunderttausend Herzen.

Ich bin ein Nußbaum im Gülhane-Park.
Doch du und der Polizist, ihr merkt das nicht.

Balçik, den 1.Juli 1957

Masallarin Masalı

Su başındadurmuşlü
çınarla ben.
Suda suretimiz çıkıyor
çınarla benim.
Suyun şavkı vuruyor bize,
çınarla bana.

Su başında durmuşuz
çınarla ben, bir de kedi.
suda suretimiz çıkıyor
çınarla benim bir de kedinin.
Suyun şavkı vuruyor bize
çınara, bana, bir de kediye.

Su başında durmuşuz
çınar, ben, kedi, bir de güneş.
Suda suretimiz çıkıyor
çınarın, benim, kedinin, bir de güneşin.
Suyun şavkı vuruyor bize
çınara, bana, kediye, bir de güneşe.

Su başında durmuşuz
çınar, ben, kedi, güneş, bir de ömrümüz.
Suda suretimiz çıkıyor,
çınarın, benim, kedinin, güneşin, bir de ömrümüzün.
Suyun şavkı vuruyor bize
çınara, bana, kediye, güneşe, bir de ömrümüze.

Das Märchen der Märchen

Wir stehen am Ufer,
die Platane und ich
Wir spiegeln uns im Wasser,
die Platane und ich.
Das Wasser wirft sein Licht auf uns,
auf die Platane und mich.

Wir stehen am Ufer,
die Platane, ich und die Katze.
Wir spiegeln uns im Wasser,
die Platane, ich und die Katze.
Das Wasser wirft sein Licht auf uns,
auf die Platane, auf mich und die Katze.

Wir stehen am Ufer,
die Platane, ich, die Katze und die Sonne.
Wir spiegeln uns im Wasser,
die Platane, ich, die Katze und die Sonne.
Das Wasser wirft sein Licht auf uns,
auf die Platane, auf mich, die Katze und die Sonne.

Wir stehen am Ufer,
die Platane, ich, die Katze, die Sonne und unser Leben.
Wir spiegeln uns im Wasser,
die Platane, ich, die Katze, die Sonne und unser Leben.
Das Wasser wirft sein Licht auf uns,
auf die Platane, auf mich, die Katze, die Sonne und auf das Leben.

Su başındadurmuşuz.
Önce kedi gidecek
kaybolacak suda sureti.
Sonra ben gideceğim
kaybolacak suda suretim.
Sonra çınar gidecek
kaybolacak suda süreri.
Sonra su gidecek
güneş kalacak,
sonra o da gidecek.

Su başında durmuşuz
çınar, ben, kedi, güneş, bir de ömrümüz.
Su serin,
çınar ulu,
ben şiir yazıyorum,
kedi uyukluyor,
güneş sıcak,
çok şükür yaşıyoruz.
Suyun şavkı vuruyor bize
çınara, bana, kediye, günese, bir de ömrümüze.

7 Mart 1958 Varşova-Şvider

Wir stehen am Ufer.
zuerst geht die Katze,
ihr Bild verliert sich im Wasser.
Dann gehe ich,
mein Bild verliert sich im Wasser.
Dann geht die Platane,
ihr Bild verliert sich im Wasser.
Dann geht das Wasser,
Die Sonne bleibt,
dann geht auch sie.

Wir stehen am Ufer,
die Platane, ich, die Katze, die Sonne und unser Leben.
Das Wasser ist kühl,
die Platane hoch,
ich schreibe ein Gedicht,
die Katze döst,
die Sonne scheint warm,
wir leben zum Glück.
Das Wasser wirft sein Licht auf uns,
auf die Platane, auf mich, die Katze, die Sonne und auf unser Leben.

Warschau-Swider, den 7. März 1958

Giderayak

Giderayak işlerim var bitirilecek,
                    giderayak.
Ceylanı kurtardım avcının elinden
ama daha baygın yatar ayılamadı.
Kopardım portakalı dalından
ama kabuğu soyulamadı.
Oldum yıldızlarla haşır neşir
ama sayışı bir tamam sayılamadı.
Kuyudan çektim suyu
ama bardaklara konulamadı.
Güller dizildi tepsiye
ama taştan fincan oyulamadı.
Sevdalara doyulamadı.
Giderayak işlerim var bitirilecek,
                    giderayak.

Haziran 1959

Im letzten Augenblick

Im letzten Augenblick habe ich noch einiges zu erledigen,
im letzten Augenblick.
Ich habe die Gazelle vor dem Jäger gerettet,
doch ist sie noch ohnmächtig, noch nicht zu sich gekommen.
Ich pflückte eine Orange vom Zweig,
sie ist jedoch nicht geschält.
Ich bin vertraut mit den Sternen,
doch steht ihre Zahl nicht ganz fest.
Ich schöpfte Wasser aus dem Brunnen,
es wurde jedoch nicht in Gläser geschenkt.
Die Rosen wurden auf die Platte gelegt,
die steinernen Vasen sind unbehaun.
Die Liebe hat man noch nicht satt.
Im letzten Augenblick habe ich noch einiges zu erledigen,
im letzten Augenblick.

Juni 1959

Şehir, Akşam ve Sen

Koynumda çırılçıplaksınız
şehir akşam ve sen
aydınlığınız yüzüme vuruyor
bir de saçlarınızın kokuşu.
Bu çarpan yürek kimin
sesleri soluklarımızın üstünde küt küt atan
senin mi şehrin mi akşamın mı
yoksa benimkisi mi?
Akşam nerde bitiyor nerde başlıyor şehir
şehir nerde bitiyor sen nerde başlıyorsun
ben nerde bitip nerde başlıyorum?

9 Temmuz 1959

Die Stadt, der Abend und du

Ganz nackt seid ihr an meiner Brust
die Stadt Abend und du
euer Licht fällt mir aufs Gesicht
und auch der Duft eurer Haare.
Wem gehört dieses klopfende Herz
dessen Schlagen durch unseren Atem pocht
dir der Stadt dem Atem
oder mir?
Wo endet der Abend wo beginnt die Stadt
wo endet die Stadt wo beginnst du?
wo ende ich wo beginne ich?

9. Juli 1959

Sıcaklarda

Bu sıcaklarda seni düşünüyorum
çıplaklığım
boynunu bileklerini
minderde ak bir kuş gibi yatan ayağını
senin söylediklerini.

Bu sıcaklarda seni düşünüyorum
bilmiyorum aklımda en çok kalan ne
gözümün önüne gelen
boynun mu bileklerin mi
çıplak ayağın mı
bana benim olurken söylediklerin mi?

Bu sarı sıcaklarda seni düşünüyorum
bu san sıcaklarda bir otel odasında seni düşünüp
yalnızlığımı soyunuyorum
biraz da ölüme benzeyen yalnızlığımı.

10 Temmuz 1959

In der Hitze

In dieser Hitze denke ich an dich
                                          an deine Nacktheit
an deinen Hals deine Handgelenke
an deinen auf dem Kissen liegenden Fuß weiß wie ein Vogel
an deine Worte.

In dieser Hitze denke ich an dich
weiß nicht was mir von dir am deutlichsten im Gedächtnis blieb
                                          ist es dein Hals oder sind es deine Handgelenke
die mir vor Augen schweben
oder dein nackter Fuß
oder deine Worte als du dich mir hingabst?

In dieser gelben Hitze denke ich an dich
in einem Hotelzimmer denke ich an dich
                                          und streife meine Einsamkeit ab
                          die Einsamkeit, die ein wenig dem Tod gleicht.

10. Juli 1959

İki Sevda

Bir gönülde iki sevda olamaz
yalan
olabilir.

Şehrinde soğuk yağmurların
gece otel odasında sırtüstü yatıyorum
gözlerim tavana dikili
bulutlar geçiyor tavandan
ıslak asfaltı geçen kamyonlar gibi ağır
ve sağda uzakta
            ak bir yapı
                        yüz kadı belki
tepesinde altın iğne parlıyor.
Bulutlar geçiyor tavandan
karpuz kayıkları gibi güneş yüklü bulutlar.
Oturmuşum cumbaya
yüzüme suların ışığı düşüyor
bir ırmak kıyısında mıyım
            bir deniz kıyısında mı?
O tepsideki ne
o güllü tepsideki
yer çileği mi kara dut mu?
Fulya tarlasında mıyım
karlı kayın ormanında mı?
Gülüp ağlıyor sevdiğim kadınlar
                        iki dilde.

Zwei Geliebte

In einem Herzen haben zwei Geliebte keinen Platz
stimmt nicht
sie haben sehr wohl einen.

In der Stadt des kalten Regens
liege ich nachts im Hotelzimmer auf den Rücken
die Augen auf die Decke gerichtet
wo Wolken vorüberziehn
schleppend wie die Lastwagen, die über den nassen Asphalt fahren
und rechts in der Ferne
        ein weißes Gebäude
                mit vielleicht hundert Stock
oben auf dem Dach glänzt eine goldene Nadel.
Die Wolken ziehen an der Decke vorüber
wie Kähne voll Wassermelonen mit Sonne beladen.
Ich sitze am Erker
der Glanz des Wassers fällt auf mein Gesicht
bin ich am Ufer eines Flusses
            am Meeresstrand?
Was ist das dort auf dem Tablett
jenem rosenverzierten Tablett
Erdbeeren oder schwarze Maulbeeren?
Bin ich auf dem Fulya Tarlası
oder in einem verschneiten Birkenwald?
Die Frauen die ich liebe lachen und weinen
                    in zwei Sprachen.

Dostlar nasıl bir araya geldiniz?
Birbirinizi tanımazsınız.
Nerde bekliyorsunuz beni?
Beyazıt'ta Çınarlı Kahve'de mi Gorki Parkı'nda mı?
Şehrinde soğuk yağmurların
gece otel odasında sırtüstü yatıyorum
gözlerim yanıyor gözlerim alabildiğine açık
bir hava çalındı
armonikle başladı utla bitti.
İçimde sarmaş dolaş karmakarışıktı
büyük uzak iki şehrin hasreti.

Fırlamak yataktan
koşmak altında yağmurun
istasyona koşmak
»Sur kardeşim Makinist
                    götür beni oraya.«
»Nereye?«

17 Temmuz 1959

Ihr wo habt ihr euch getroffen?
Ihr kennt euch doch nicht.
Wo wartet ihr auf mich?
Im Cinarlı Kahve in Beyazıt oder im Gorki-Park?
In der Stadt des kalten Regens
liege ich nachts im Hotelzimmer auf dem Rücken
mir brennen die Augen sie sind offen so weit es geht
man spielte eine Weise
die Ziehharmonika stimmte sie an die Laute beendete sie.
Mich erfüllt die Sehnsucht nach diesen zwei großen fernen Städten
ineinander verschlungen und verworren.

Ich möchte aus dem Bett springen
unter dem Regen laufen
und zum Bahnhof eilen
»Fahr Lokomotivführer fahr los mein Bruder
                    bring mich hin.«
»Wohin aber?«

17. Juli 1959

* * *

Seni düşünürüm
anamın kokusu gelir burnuma
                    dünya güzeli anamın.

Binmişin atlıkarıncasına içimdeki bayramın
fir dönersin eteklerinle saçların uçuşur
bir yitirip bir bulursun al al olmuş yüzünü.

Sebebi ne
                    seni bir bıçak yarası gibi hatırlamamın
sen böyle uzakken senin sesini duyup
                    yerimden firlamamın sebebi ne?

Diz çöküp bakarım ellerine
ellerine dokunmak isterim
dokunamam
arkasındasın camın.
Ben bir şaşkın seyircisiyim gülüm
                alaca karanlığımda oynadığım dramın.

17 Ağustos 1959

***

Ich denke an dich
der Duft meiner Mutter steigt mir in die Nase
                    der meiner bildschönen Mutter.

Du sitzt auf dem Festkarussell in mir
du läßt deinen Rock wirbeln die Haare flattern
einmal verliere ich dein gerötetes Gesicht dann finde ich es wieder.

Aus welchem Grund
            muß ich an dich wie an die Wunde eines Messers denken
warum höre ich wo du doch in so weiter Ferne bist deine Stimme
                    warum springe ich von meinem Platz hoch?

Ich knie mich nieder und betrachte deine Hände
möchte sie berühren
kann es jedoch nicht
du bist hinter Glas.
Ich bin ein verstörter Zuschauer meine Rose
              in dem wechselvollen Drama das ich in meiner Dämmerung spiele.

August 1959

* * *

Kar kesti yolu
sen yoktun
oturdum karşısına dizüstü
seyrettim yüzünü
gözlerim kapalı.

Gemiler geçmiyor uçaklar uçmuyor
sen yoktun
karşında duvara dayanmıştım
konuştum konuştum konuştum
ağzımı açmadım.

Sen yoktun
ellerimle dokundum sana
ellerim yüzümdeydi.

Aralık 1959

***

Der Schnee versperrte den Weg
du warst nicht da
ich ließ mich dir gegenüber auf die Knie nieder
betrachtete dein Gesicht
mit geschlossenen Augen.

Keine Schiffe fahren vorbei keine Flugzeuge fliegen
du warst nicht da
ich lehne mich an die Wand dir gegenüber
ich sprach und sprach und sprach
mit geschlossenem Mund.

Du warst nicht da
ich berühre dich mit den Händen
meine Hände lagen auf meinem Gesicht.

Dezember 1959

* * *

Seviyorum seni ekmeği tuza banıp yer gibi
geceleyin ateşler içinde uyanarak
ağzımı dayayıp musluğa su içer gibi,
ağır posta paketini, neyin nesi belirsiz,
telâşlı, sevinçli, kuşkulu açar gibi,
seviyorum seni denizi uçakla ilk defa geçer gibi,
İstanbul'da yumuşacık karanrken ortalık
çimde kımıldanan bir şeyler gibi,
seviyorum seni »Yaşıyoruz çok şükür!« der gibi.

27 ağustos 1960

***

Ich liebe dich, wie man Brot in Salz taucht und ißt,
wie ich den Mund an den Wasserhahn presse, um zu trinken,
        wenn ich nachts im Fieber erwache,
wie man ein schweres Paket mit unbekanntem Absender
        hastig, freudig erregt und argwöhnisch öffnet,
so liebe ich dich, als flöge ich zum ersten Mal im Flugzeug über das Meer,
so liebe ich dich, wie das sanft in der Dunkelheit versinkende Istanbul,
        das mein Innerstes rührt, so liebe ich dich,
Als wollte ich sagen: »Gottlob, wir leben!« So liebe ich dich.

27. August 1960

* * *

Her günüm mis gibi dünya kokan bir kavun dilimi
                senin sayende.
Bütün yemişler elime güneştenmişim gibi uzanıyor
                senin sayende.
Senin sayende yalnız umutlardan alıyorum balımı.
Yüreğimin çalışı senin sayende.
En yalnız akşamlarım bile duvarında gülen bir Anadolu kilimi
                senin sayende.
Şehrime ulaşmadan bitirirken yolumu
        bir gül bahçesinde dinlendim senin sayende.
Senin sayende, içeri sokmuyorum
        en yumuşak urbanlarını giyip
büyük rahatlığa çağıran türküleriyle kapımı çalan ölümü.

29 Ağustos 1960

***

Jeder meiner Tage gleicht, dir sei es gedankt, einer Melonenscheibe,
die nach Welt duftet.
Alle Früchte strecken sich, dir sei es gedankt,
meiner Hand entgegen als wäre sie die Sonne.
Ich sauge meinen Honig, dir sei es gedankt, nur aus Hoffnungen.
Mein Herz klopft, dir sei es gedankt.
Selbst meine einsamsten Abende gleichen, dir sei es gedankt.
dem lachenden anatolischen Kilim an der Wand.
Wenn ich nun ans Ende meines Weges gelangt bin, ohne meine Stadt
so konnte ich mich doch, dir sei es gedankt, in einem [zu erreichen,
Ich lasse, dir sei es gedankt, den Tod nicht herein, [Rosengarten ausruhen.
der in seinen seidenweichen Gewändern
an meine Tür klopft und mit seinen Liedern mich zur traulichen Ruhe
[einlädt.

29. August 1960

* * *

iri iri damlalarıyla yağmur üzüm salkımıydı doğum
          gününde senin
şaşkın ve sırılsıklam durdum önünde senin
                              altın kubbeli bir
          ağaçtan denizin ortasında
ilk erginlik düşümden geliyorum sana
bu şehrin bana verdiği en tatlı yemiş en akıllı söz en
          insan sokaksın günlük güneşlik rüzgârım benim
saçlan saman şansı kirpikleri mavi kanm benim

Mayıs 1962, Moskova

* * *

Der Regen mit seinen riesigen Tropfen glich
        an deinem Geburtstag den Dolden des Weins
verwundert und durchnäßt stand ich vor dir
                einem Baum mit goldner Kuppel
        mitten im Meer
aus dem ersten Traum meiner Jünglingsjahre komm ich zu dir
du bist die süßeste Frucht das klügste Wort die
        menschlichste Straße die mir diese Stadt gab mein heller sonniger
meine Frau mit den strohblonden Haaren den Wimpern so blau   [Wind

Moskau, Mai 1962

Kadınlarımızın Yüzleri

Meryem ana Tanrıyı doğurmadı
Meryem ana Tanrının anası değil
Meryem ana analardan bir ana
Meryem ana bir oğlan doğurdu
Adem oğullarından bir oğlan
Meryem ana bundan ötürü güzel bütün suretlerinde
Meryem ananın oğlu bundan ötürü kendi oğlumuz gibi
yakın bize

Kadınlarımızın yüzü acılarımızın kitabıdır
açılarımız, ayıplarımız ve döktüğümüz kan
karasapanlar gibi çizer kadınların yüzünü.

Ve sevinçlerimiz vurur gözlerine kadınların
Göllerde de ışıyan seher yakıdan gibi.

Hayallerimiz yüzlerindedir sevdiğimiz kadınların,
görelim görmeyelim karşımızda dururlar
gerçeğimize en yakın ve en uzak.

1962

Die Gesichter unserer Frauen

Die Jungfrau Maria brachte Gott nicht auf die Welt
Die Jungfrau Maria ist nicht Gottes Mutter
Die Jungfrau Maria ist eine von vielen Müttern
Die Jungfrau Maria gebar einen Sohn
einen Sohn des Menschengeschlechts
Die Jungfrau Maria ist deshalb schön auf all ihren Bildern
der Sohn der Jungfrau Maria ist uns deshalb so nah
wie unser eigener Sohn.

Die Gesichter unserer Frauen sind die Bücher unserer Schmerzen
unsere Schmerzen unsere Schandtaten und das Blut das wir vergießen
ziehen wie Holzpflüge Furchen in die Gesichter unserer Frauen.

Und unsere Freude spiegelt sich in den Augen der Frauen
wie der anbrechende Tag in den Seen.

Unsere Phantasie spricht aus den Gesichtern unserer geliebten Frauen
ob wir sie sehen oder nicht sie stehen uns gegenüber
unserer Wirklichkeit am nächsten und am entferntesten.

1962

Vera'ya

Gelsene dedi bana
Kalsana dedi bana
Gülsene dedi bana
Ölsene dedi bana

Geldim
Kaldım
Güldüm
Öldüm

1963

An Vera

Komm doch sagte sie
Bleib doch da sagte sie
Lach doch sagte sie
Stirb doch sagte sie

Ich kam
Ich blieb
Ich lachte
Ich starb

1963

Nachwort

Für die einen ist der größte türkische Dichter des 20. Jahrhunderts, für die anderen immer noch ein Staatsfeind. Die einen singen und rezitieren seine Verse, die anderen ahndeten dies noch vor wenigen Jahren mit Repressalien.

Am 15. Januar 1902 wurde Nâzım Hikmet im westlichsten Vorposten des Osmanischen Reiches, in Saloniki (heute Thessaloniki) geboren.

Von dieser Stadt mit ihrer kosmopolitischen Bevölkerung gelangten westliches Gedankengut und revolutionäre Ideen in das erstarrte Osmanische Reich. Es war sicher kein Zufall, daß hier auch der spätere Gründer der Türkischen Republik, Mustafa Kemal (Atatürk) geboren worden war. Hier hatte sich die Bewegung der Jungtürken gegründet, die den despotischen Sultan Abdülhamid stürzte und das Reich zu reformieren suchte. Die Familiengeschichte Nâzım Hikmets spiegelten diese kosmopolitischen Verhältnisse unmittelbar wieder.

Seine Mutter Celile, halb polnischer, halb hugenottischer Abstammung, war eine sehr freigeistige Frau und der französischen modernen Literatur und Malerei zugetan. Ihr Großvater mütterlicherseits wurde als Karl Detroit in Brandenburg geboren, nahm nach abenteuerlichen Reisen den türkischen Namen Mehmet Ali an und stieg als Offizier bis zum Feldmarschall auf. Ihr Großvater väterlicherseits war der polnischer Aristokrat Konstantin Borzenski, der nach der gescheiterten Revolution von 1848 gemeinsam mit anderen polnischen und ungarischen Aufständischen ins osmanische Exil entkam. Dort erwarb er sich nicht nur als Soldat, sondern auch als Historiker, Geograph und Linguist Meriten.

Der Vater, Hikmet Bey, arbeitete als hoher Beamter für das Außenministerium. Durch eine Intrige wurde er gezwungen, den Dienst zu quittieren und versuchte sich als Geschäftsmann. Seine künstlerischen Neigungen überwogen jedoch und, von einem kurzen Intermezzo als Dolmetscher abgesehen, arbeitete er als Zeitungsherausgeber und Betreiber eines Kinos. Eine ebenso wichtige Inspirationsquelle für den späteren Dichter Nâzım Hikmet war der Großvater väterlicherseits, Hikmet Paşa, der als Ministerialbeamter sowohl liberalen Prinzipien wie dem mystischen Sufismus des Mevlana Celaleddin Rumi und dessen Versen zugetan war. Er nahm den Jungen zu den Zeremonien der »Tanzenden Derwische« mit und führte ihn in die sufischen Ideale von Freiheit, Spiritualität und Liebe ein. Zugleich ermunterte er ihn zu eigenen Versen.

Die Schulzeit Nâzım Hikmets fiel in eine unruhige Ära. 1913 verlor das Osmanische Reich den größten Teil seiner Territorien, ein Jahr später trat es an der Seite Deutschlands in den Weltkrieg ein. Es hatte sich nicht nur der zaristischen Ansprüche auf die Dardanellen zu erwehren, sondern auch der britischen Truppen, die Mesapotamien (den heutigen Irak) und Palästina dem Empire einverleiben wollten. Nâzım Hikmet verfasste seine ersten patriotischen Gedichte. Der Stabschef der Marine, ein Freund seines Vaters, war davon so begeistert, dass er die Familie überredete, Hikmet auf die Kadettenschule zu schicken.

Das Ende des Ersten Weltkrieges war auch das Ende des Osmanischen Reiches. Istanbul wurde von fremden Truppen besetzt, die Alliierten planten die Aufteilung des Staatsgebietes in Protektorate. Mustafa Kemal, der nach der Gründung der Republik Atatürk genannt wurde, beschloss in dieser ausweglosen Situation den politischen und militärischen Widerstand gegen die Okkupanten von Anatolien aus zu organisieren. Wie unzählige andere wollte auch Nâzım Hikmet sich der Befreiungsbewegung anschließen. 1921 machte er sich gemeinsam mit einem Freund auf den abenteuerlichen Weg nach Ankara, wo sich der Atatürks Stab befand. Zu ihnen stieß eine Gruppe von Studenten, die wegen Beteiligung an der Revolution aus Berlin ausgewiesen worden waren. Durch sie kam Hikmet mit den Ideen von Lenin, Karl Liebknecht und Rosa Luxemburg in

Kontakt. Zugleich wurde er, der sich bislang in einer bürgerlichen Umgebung bewegte, auf seiner Reise mit dem unvorstellbaren Elend der Bauern konfrontiert.Ein weiterer Umstand begünstigte seine Hinwendung zur kommunistischen Bewegung. Während Atatürks Lage durch das Vordringen der griechischen und alliierten Truppen nahezu aussichtslos erschien, waren die russischen Revolutionäre die einzigen Verbündeten im Kampf gegen die imperialistischen Mächte.

Für die Kollaborationsregierung und den Westen war er der Rebell und Staatsverräter, während die Sowjetunion die neue türkische Regierung offiziell anerkannte und bereits 1921 ein Konsulat in Ankara eröffnete. Die Umwälzungen im ehemaligen Russischen Reich übten eine große Anziehungskraft auf türkische Intellektuelle aus. Als Hikmet und sein Dichterfreund Vâ-Nû in Ankara eintrafen, wurden sie Mustafa Kemal Atatürk vorgestellt, der ihnen vorschlug, ihre Talente für die Mobilisierung der Bevölkerung zu nutzen. Anstatt mit der Waffe in der Hand zu kämpfen, wie beide sich vorgestellt hatten, wurden sie als Lehrer nach Bolu geschickt, eine Kleinstadt, die als reaktionär und von religiösem Fanatismus beherrscht galt. Dort kam ihnen die Idee, in die Sowjetunion zu reisen. 1922 gelangten die beiden Freunde über Batumi und Tblissi nach Moskau.

Nâzım Hikmet schrieb sich an der »Kommunistischen Universität der Werktätigen des Ostens« ein, lebte in »wilder Ehe« mit mit der Studentin Nüzhet zusammen und schloß sich der Kommunistischen Partei der Türkei an. Er traf mit Futuristen wie Majakowski und dem Theaterregisseur Meyerhold zusammen. Insbesondere Majakowski übte auf Hikmet einen nachhaltigen Einfluss aus. Seine Poesie gewann an Verdichtung und rhythmischem Stakkato. Freilich konnte sich Hikmet auch über die Maschinen- und Tempoverliebtheit der Futuristen lustig machen.

Nach seinem Studium kehrte Nâzım Hikmet 1924 nach Istanbul zurück und arbeitete sowohl für die von seinem Vater herausgegebene »Sinema Postası« (Kinopost) als auch die von der TKP publizierte Zeitschrift »Aydınlık« (Helligkeit/Klarheit). Zeitweilig wich er nach Izmir aus, um Verfolgungen zu entgehen. 1925 wurde Hikmet in Abwesenheit zu fünfzehn Jahren Gefängnis verurteilt, ging in die Illegalität und zwei Jahre später nach Moskau, wo er bis 1928 blieb.

Nach seiner erneuten Rückkehr und einer kurzen Haftzeit veröffentlichte er Gedichte in Zeitungen und Zeitschriften sowie sein erstes Buch in der Türkei »Güneşi İçenlerin Türküsü« (Lied der Sonnentrinker), schrieb Filmszenarien und Theaterstücke, die vom Publikum enthusiastisch aufgenommen wurden. 1929 lernte er die Freundin seiner Schwester, die häufiger Gast der literarischen Abende im Hause seines Vaters war, kennen. Nâzım Hikmet war beeindruckt von der modernen und energischen Pirâye, deren literarisches Urteil er sehr schätzte. Drei Jahre später heirateten die beiden. Seine Liebesbriefe aus dem Gefängnis ließen Pirâye zu einer Ikone der türkischen Literatur werden.

Die zunehmende Stalinisierung der kommunistischen Bewegung führte zu Machtkämpfen innerhalb der TKP. Nâzım Hikmet und seine Gruppe wurden »wegen antistalinistischer Tendenzen« aus der Partei ausgeschlossen. Der »romantische Kommunist« Hikmet sah jedoch weiter seine Aufgabe im Kampf gegen den aufkommenden Faschismus und für soziale Gerechtigkeit. Sein revolutionäres Engagement verband er mit der Frontstellung gegen die überkommene, saturierte Lyrik und deren Protagonisten. Dies ließ ihn noch populärer werden und brachte ihm eine Einladung von Staatsgründer Atatürk ein, die er allerdings ablehnte. Gleichzeitig ritten konservative Kritiker und die politische Rechte scharfe Attacken gegen den »Bolschewisten« und »Nestbeschmutzer« Hikmet. Dieser antwortete in ätzenden Versen und entlarvte den »Patriotismus« seiner Gegner als korrupt und menschenverachtend. 1933 griff im Zuge einer Verhaftungswelle gegen Kommunisten die Staatsgewalt ein. Hikmet wurde zu Gefängnis verurteilt, der Staatsanwalt forderte anfänglich sogar die Todesstrafe. Im Zuge einer Amnestie zum zehnjährigen Bestehen der Republik kam er 1934 wieder frei. Es war ihm jedoch nur möglich, unter Pseudonym zu veröffentlichen.

1938 verschlechterte sich die innenpolitische Lage deutlich, als auch in der Türkei die faschistische Ideologie, beflügelt durch die Erfolge Mussolinis und Hitlers, bis in Regierungskreise hinein immer mehr Anhänger fand. Mittels einer Intrige wurde dem bekennenden Kommunisten Hikmet in einem öffentlichkeitswirksamen Prozess zur Last gelegt, eine Rebellion in der Marine vorbereitet zu haben, da man in den Spinden einiger Kadetten Lyrikbände von ihm sichergestellt hatte. Für dieses »Verbrechen« wurde Nâzım Hikmet zu achtundzwanzig Jahren Haft verurteilt und 1940 in Çankırı, später in Bursa eingekerkert.

In dieser Zeit entstanden neben dem »Epos vom Befreiungskrieg«, »Menschenlandschaften« und der politischen Lyrik viele der in diesem Band versammelten Liebesgedichte, die seiner Frau Pirâye gewidmet sind.

Im Laufe seiner Haft verschlechterte sich Nâzım Hikmets Gesundheitszustand in bedrohlichem Maße. Nur selten war es ihm vergönnt, von Pirâye besucht zu werden. Ihr Austausch blieb auf Briefe beschränkt. 1948 begann seine Cousine Münevver mit ihm in Kontakt zu treten. Zunächst mit Briefen, dann mit Besuchen. Hikmet war zwischen Münevver und Pirâye hin- und hergerissen. Er fühlte sich ihr gegenüber schuldig. Pirâye, die seine häufigen Affären bislang als belanglos hingenommen hatte, beschloß sich von Hikmet zu trennen. Durch die lange Trennung war auch ein Moment der Entfremdung zwischen sie getreten.

1949 wurde die »türkische Dreyfus-Affäre« endlich Gegenstand einer breiten Kampagnen. Der liberale Herausgeber der Zeitschrift »Vatan« (Vaterland) Yalman deckte in seinen Artikeln die Unrechtmäßigkeit der gegen Hikmet geführten Gerichtsfarce auf. Obwohl Yalman die politischen Ansichten des unorthodoxen Marxisten Hikmet nicht teilte, war er der Auffassung, daß die Inhaftierung des bedeutendsten zeitgenössischen Dichters dem Ansehen der Türkei schweren Schaden zufüge.

Schriftsteller und Sympathisanten in den USA, Europa, Indien und den arabischen Ländern demonstrierten für die Freilassung Hikmets vor den türkischen Botschaften. Nâzım Hikmets Mutter Celile sammelte für ihren Sohn auf den Straßen Istanbuls Unterschriften, die Regierungsvertretern übergeben wurden, und trat in den Hungerstreik. Die avantgardistischen Dichter Orhan Veli Kanık, Melih Cevdet Anday und Oktay Rifat schlossen sich dem aus Solidarität an. Die publizistische Unterstützung mündete in breite öffentliche Proteste und Demonstrationen, die schließlich Regierung und Parlament derart unter Druck setzten, daß Nâzım Hikmet gemeinsam mit einhundertzehn anderen politischen Gefangenen 1950 amnestiert und entlassen wurde.

Im selben Jahr wurde er auf dem 2. Weltfriedenskongress in Warschau mit dem Friedenspreis ausgezeichnet, den Pablo Neruda stellvertretend für ihn entgegennahm, da Hikmet ein Reisepass verweigert wurde. Die antikommunistische Hysterie des Kalten Krieges bestimmte immer noch das öffentliche Leben. Die Türkei wurde Mitglied der Nato und schickte Soldaten in den Koreakrieg. Hikmet stand unter Polizeibeobachtung und versuchte durch die Arbeit an Filmprojekten Münevver und seinen 1951 geborenen Sohn Memed über Wasser zu halten. Seine Gegner hatten ihm nicht verziehen: er erhielt trotz seiner gesundheitlichen Probleme die Einberufung zum Militärdienst; Gerüchte über eine bevorstehende Verhaftung kursierten. Ein Freund schlug ihm vor zu fliehen.

In einer Nacht-und-Nebel-Aktion fuhren die beiden im Juni 1951 auf einem kleinen Motorboot in Richtung Schwarzes Meer, wo Hikmet von einem rumänischen Frachter an Bord genommen wurde. In Rumänien beantragte er politisches Asyl und traf wenig später in Moskau ein, wo ihm ein stürmischer Empfang bereitet wurde. Die nationalistische Presse hingegen schäumte vor Wut über den gelungenen Coup. Sie forderte, die Verwandten, Freunde und Unterstützer Hikmets zu deportieren. Der Publizist Yalman wurde von einem Rechtsradikalen angeschossen; Polizisten durchsuchten die Wohnungen von Familie und Freunden, beschlagnahmten und vernichteten Manuskripte. Der Innenminister verfügte schließlich, dass Hikmet die türkische Staatsbürgerschaft entzogen wird. Eine Reihe seiner Freunde emigrierte daraufhin ebenfalls.

Nâzım Hikmets Eintreffen in Moskau fiel mit der Intensivierung des Kalten Krieges zusammen. Zwar war er als revolutionärer Schriftsteller und prominenter Redner auf den Treffen der internationalen Friedensbewegung willkommen, gleichzeitig wurde er von der Geheimpolizei observiert. Seinen Fragen nach den Freunden aus den früheren Tagen, die die Jahre des »Großen Terrors« nicht überlebt hatten, folgte betretenes Schweigen. Das quirlige intellektuelle Leben des Moskau der 20er Jahre, das er so liebte, war den Lobhudeleien auf Stalin und einer erstarrten Atmosphäre gewichen.

Seine freimütige Kritik an der sowjetischen Bürokratie und dem Untertanengeist, der sich selbst in Schriftstellerkreisen festgesetzt hatte, ließ den Geheimdienstchef Berija über einen »Autounfall« des unbequemen Gastes nachdenken. Einige seiner Theaterstücke konnten nicht aufgeführt werden. Während dieser Zeit bereiste er intensiv Frankreich, Polen, die Tschechoslowakei, die DDR und andere Länder im Engagement gegen den drohenden Atomkrieg. Immer wieder musste er aufgrund seiner angegriffenen Gesundheit pausieren.

Bei den Arbeiten für die Moskauer Filmstudios lernte er Vera Tuljakowa, seine letzte große Liebe, kennen. Für sie begann er wieder Liebesgedichte zu schreiben. Am Morgen des 3. Juni 1963 erlitt Nâzım eine tödliche Herzattacke. In seiner Jackentasche fand sich ein Foto von Vera, auf der Rückseite das letzte Gedicht dieses Buches.

Mario Pschera

Anmerkungen

Bağlama: Traditionelles Saiteninstrument der Türken aus der Familie der Saz mit langem Hals – die am weitesten verbreitete Variante.

Bedreddin: Kadi und Scheich, der im 15. Jahrhundert in Anatolien lebte und in seiner Lehre Toleranz für die verschiedenen Glaubensrichtungen und einen utopischen Urkommunismus propagierte. Er wurde von der Armee des Sultans gefangengenommen und hingerichtet.

Beyazıt: Stadtteil Istanbuls auf der europäischen Seite, in dem die Universität und mehrere Tore des Großen Basars gelegen sind.

Beypasarı: Anatolische Kleinstadt nordwestlich von Ankara.

Bursa: Am Marmara-Meer gelegene Stadt, früher Residenz der osmanischen Sultane.

(Mevlana) Celaleddin (Rumi): 1207 in Balkh (Afghanistan) geborener Mystiker, Gründer des »Ordens der tanzenden Derwische«, starb 1273 im anatolischen Konya.

Çankırı: in der Steppe nördlich von Ankara gelegene Stadt.

Çapanoğlu: Legendärer Edelräuber aus der Gegend von Yozgat.

Çınarlı Kahve: Ein Café im Stadtteil Beyazıt, Treffpunkt der Istanbuler Intellektuellen und Studenten

Ferhat: Held des türkischen Volksromans »Ferhat und Şirin«, der einen Berg versetzen mußte, um Şirin heiraten zu dürfen.

Fulya Tarlası: Früherer Ausflugsort in Istanbul.

Gazali: Arabischer Mystiker.

Gorki-Park: Berühmter Vergnügungspark in Moskau.

Gülhane Parkı: Berühmter Vergnügungspark in Istanbul.

Iznik-See: Am Marmara-Meer gelegener See in der Nähe der Kleinstadt Iznik unweit von Istanbul.

Karabük: Industriestadt nördlich von Ankara.

Khayyam, Omar: Persischer Mystiker.

Kirezli-Yayla: Sommerfrische in der Nähe von Bursa.

Münevver: Nâzım Hikmets dritte Frau, die er 1950 heiratete.

Pirâye oder Pirâyende: Hikmets zweite Frau, mit der er von Mitte der 1930er Jahre bis 1950 verheiratet war.

Robeson, Paul: Afroamerikanischer Sänger, dessen Protestsongs in den 1940er und 1950er Jahren international bekannt waren, und der in der McCarthy-Ära zeitweilig emigrieren mußte.

Suzinak: Eine melancholische Weise in der klassischen türkischen Serail-Musik.

Tahir und Zühre: Helden eines gleichnamigen türkischen Volksromans.

Uludağ: Der Berg vor Bursa und populärer Wintersportort.

Vera: Hikmets Frau in seinen letzten Lebensjahren.

Yayla: Sommerweide der Nomaden

Yahya Kemal: Moderner Vertreter der türkischen Diwan-Lyrik (1884–1958).

Yozgat: Stadt östlich von Ankara.

Inhalt